【中华国学经典精粹】

唐才子传

〔元〕辛文房 著
张小燕 校点

北京联合出版公司
Beijing United Publishing Co.,Ltd.

图书在版编目（CIP）数据

唐才子传 /（元）辛文房著；张小燕校点. —北京：北京联合出版公司，2016.11（2023.5 重印）
（中华国学经典精粹）
ISBN 978-7-5502-9067-9

Ⅰ. ①唐… Ⅱ. ①辛… ②张… Ⅲ. ①诗人—生平事迹—中国—唐代 Ⅳ. ①K825.6

中国版本图书馆CIP数据核字（2016）第268639号

唐才子传

作　　者：辛文房
选题策划：宿春礼
责任编辑：宋延涛
封面设计：新纪元工作室
版式设计：新纪元工作室
责任校对：付玮婷

北京联合出版公司出版
（北京市西城区德外大街83号楼9层　100088）
三河市冀华印务有限公司　新华书店经销
字数：130千字　787毫米×1092毫米　1/32　5印张
2017年1月第1版　2023年5月第5次印刷
ISBN 978-7-5502-9067-9
定价：12.00元

前言

中国是一个诗的国度。谈论诗歌，唐代是绕不过的重要时期，唐诗是难以企及的巅峰。

有唐一代，诗坛英杰辈出，群星璀璨，使人目不暇接，叹为观止。然而，唐、五代诸史中诗人入传者很少，传记也十分简略。在《唐才子传》以前，还没有一部唐代诗人传记的专书。大多数诗人的生平资料，散见于唐宋人的诗文集、笔记小说、诗话、书目提要等文献中。

《唐才子传》由辛文房编纂而成。辛文房，字良史，元代西域人，曾官省郎，是一位极为热爱唐诗又非常倾慕唐代诗人的才子。但由于史料缺乏，很难考察他的详细经历，殊为可惜。

我们通过《唐才子传》可以领略辛文房那旁搜博采、驾驭史料的非凡能力，欣赏他的才思。辛文房对唐宋至元代的大量史料广为搜罗，排比考订，并“触事兴怀”，间出精彩评论，精心结撰成《唐才子传》。此书对中、晚唐诗人事迹所记尤详，也包括部分五代诗人。按诗人登第先后为序，保存了唐代诗人大量的生平资料，对其科举经历的记叙更为详备。传后又有对诗人艺术得失的品评，多存唐人旧说，其中颇有精辟之见。清人伍崇曜称：“其书评骘精审，似钟嵘《诗品》；标举新异，似刘义庆《世说》；而叙次古雅，则又与皇甫谧《高士传》相同。”

《唐才子传》被列为国学入门必读书目之一。鲁迅先生从不向人推荐所谓“必读书目”，却私下向好友许寿尚之子推荐了几本可以参看的古典书籍，其中就有《唐才子传》。

为让读者了解本书全貌，本书在编选过程中，不做删减。如果读者需要了解《唐才子传》的详细情况，可进一步阅读傅璇琮所编《唐才子传校笺》。

序

魏帝著论，称“文章经国之大业，不朽之盛事，年寿有时而尽，未若文章之无穷”。诗，文而音者也。唐兴尚文，衣冠兼化，无虑不可胜计。擅美于诗，当复千家。岁月苒苒，迁逝沦落，亦且多矣。况乃浮沉畏途，黾勉卑官，存没相半，不亦难乎？崇事奕叶，苦思积年，心神游穹厚之倪，耳目及晏旷之际，幸成著述，更或凋零，兵火相仍，名逮于此，谈何容易哉！夫诗所以动天地，感鬼神，厚人伦，移风俗也。发乎其情，止乎礼义，非苟尚辞而已。溯寻其来，《国风》《雅》《颂》开其端，《离骚》《招魂》放厥辞，苏、李之高妙，足以定律，建安之遒壮粲尔成家，烂熳于江左，滥觞于齐、梁，皆袭祖沿流，坦然明白。铿锵愧金石，炳焕却丹青，理穷必通，因时为变，勿讶于枳橘非土所宜，谁别于渭、泾投胶自定，盖系乎得失之运也。唐几三百年，鼎钟挟雅道，中间大体三变。故章句有焦心之人，声律至穿杨之妙，于法而能备，于言无所假。及其逸度高标，余波遗韵，临高能赋，闲暇微吟，旧格近体、古风乐府之类，芳沃当代，响起陈人，淡寂无枯悴之嫌，繁藻无淫妖之忌，犹金碧助彩，宫商自协，端足以仰绪先尘，俯谢来世，清庙之瑟，薰风之琴，未或简其沉郁，两晋风流不相下于秋毫也。余遐想高情，身服斯道，穷其梗概行藏，散见错出，使览于述作，尚昧音容，洽彼姓名，未辨机轴，尝切病之。顷以端居多暇，害事都捐，游目简编，宅心史集，或求详累帙，因备先传，撰拟成篇，班班有据，以悉全时之盛，用成一家之言，各冠以时，定为先后，远陪公议，谁得而诬也！如方外高格，逃名散人，上汉仙侣，幽闺绮思，虽多微考实，故别总论之。天下英奇，所见略似，人心相去，苦亦不多。至若触事兴怀，随附篇末，异方之士，弱冠斐然，狃于见闻，岂所能尽。感倡斯盟，尚赖同志相与广焉。庶乎作九京于长梦，咏一代之清风，后来奋飞可畏，相激百世之下，犹期赏音也。传成，凡二百七十八篇，因而附录不泯者又一百二十家，厘为十卷，名以《唐才子传》云。有元大德甲辰春引。

目 录

卷四

卷五

卷六

卷七

卷八

卷九

卷十

卷　一

六帝

夫云汉昭回，仰弥高于宸极；洪钟希叩，发至响于咸池。以太宗天纵，玄庙聪明，宪、德、文、僖，睿姿继挺，俱以万机之暇，特驻吟情，奎璧腾辉，衮龙浮彩，宠延臣下，每锡赠酬。故“上有好者，下必有甚焉者矣”。

王绩

绩字无功，绛州龙门人，文中子通之弟也。年十五，游长安，谒杨素，一坐服其英敏，目为“神仙童子”。隋大业末，举孝廉高第，除秘书正字。不乐在朝，辞疾，复授扬州六合县丞。以嗜酒妨政，时天下亦乱，遂托病风，轻舟夜遁。叹曰：“网罗在天，吾将安之！”乃还故乡。至唐武德中，诏征，以前朝官待诏门下省。绩弟静谓绩曰：“待诏可乐否？”曰：“待诏俸薄，况萧瑟，但良酝三升，差可恋耳！”待诏江国公闻之曰：“三升良酝未足以绊王先生。”特判日给一斗，时人呼为“斗酒学士”。贞观初，以疾罢归。河渚间有仲长子光者，亦隐士也，无妻子。绩爱其真，遂相近结庐，日与对酌。君有奴婢数人，多种黍，春秋酿酒，养凫雁，莳药草自供。以《周易》《庄》《老》置床头，无他用心也。自号“东皋子”。虽刺史谒见，皆不答。终于家。性简傲，好饮酒，能尽五斗，自著《五斗先生传》。弹琴、为诗、著文，高情胜气，独步当时。撰

《酒经》一卷，《酒谱》一卷。李淳风见之曰：“君酒家南、董也。”及诗、赋等传世。

论曰：唐兴迨季叶，治日少而乱日多，虽草衣带索，罕得安居。当其时，远钓弋者不走山而逃海，斯德而隐者矣。自王君以下，幽人间出，皆远腾长往之士，危行言逊，重拨祸机，糠核轩冕，挂冠引退，往往见之。跃身炎冷之途，标华黄绮之列，虽或累聘邱园，勉加冠佩，适足以速深藏于薮泽耳，然犹有不能逃白刃、死非命焉。夫迹晦名彰，风高尘绝，岂不以有翰墨之妙，《骚》《雅》之奇美哉！文章为不朽之盛事也。耻不为尧、舜民，学者之所同志；致君于三、五，懦夫尚知勇为。今则舍声利而向山栖，鹿冠乌几，便于锦绣之服；柴车茅舍，安于丹雘之厦；藜羹不糁，甘于五鼎之味；素琴浊酒，和于醇饴之奉；樵青山，渔白水，足于佩金鱼而纡紫绶也。时有不同也，事有不侔也，向子平曰：“吾故知富不如贫，贵不如贱，第未知死何如生。”此达人之言也。《易》曰：“《遯》之时义大矣哉！”

崔信明

信明，青州人。少英敏。及长，强记，美文章。高孝基语人曰：“崔生才冠一时，但恨位不到耳！”隋大业中，为尧城令。窦建德僭号，信明弟仕贼，劝信明降节，当得美官。不肯从，遂逾城去，隐太行山中。唐贞观六年，诏即家拜兴势丞，迁秦川令，卒。信明恃才蹇亢，尝自矜其文。时有扬州录事参军荥阳郑世翼，亦骜倨忤物。遇信明于江中，谓曰：“闻君有‘枫落吴江冷’之句，仍愿见其余。”信明欣然，多出旧制。郑览未终，曰：“所见不逮所闻！”投卷于水中，引舟而去。今其诗传者数篇而已。

王勃

勃字子安，太原人，王通之诸孙也。六岁善辞章。麟德初，刘祥道表其材。对策高第，未及冠，授朝散郎。沛王召署府修撰。时诸王斗鸡，会勃戏为文檄英王鸡，高宗闻之，怒，斥出府。勃既废，客剑南，登山旷望，慨然思诸葛之功，赋诗见情。又尝匿死罪官奴，恐事泄，辄杀之。事觉当诛，会赦除名。父福畤，坐是左迁交趾令。勃往省觐，途过南昌，时都督阎公新修滕王阁成，九月九日，大会宾客，将令其婿作记，以夸盛事。勃至入谒，帅知其才，因为请之。勃欣然对客操觚，顷刻而就，文不加点，满座大惊。酒酣辞别，帅赠百缣，即举帆去。至炎方，舟入洋海，溺死，时年二十九。勃属文绮丽，请者甚多，金帛盈积，心织而衣，笔耕而食。然不甚精思，先磨墨数升，则酣饮，引被覆面卧；及寤，援笔成篇，不易一字。人谓之“腹稿”。尝言人子不可不知医，时长安曹元有秘方，勃尽得其术。又以虢州多药草，求补参军。倚才陵藉，僚吏疾之。有集三十卷，及《舟中纂序》五卷，今行于世。

勃尝遇异人，相之曰：“子神强骨弱，气清体羸，脑骨亏陷，目睛不全，秀而不实，终无大贵矣。”故其才长而命短者，岂非相乎！

杨炯

炯，华阴人。显庆六年，举神童，授校书郎。永隆二年，皇太子舍奠，表豪俊充崇文馆学士。后为婺州盈川令，卒。炯恃才凭傲，每耻朝士矫饰，呼为“麒麟楦”。或问之，曰：“今假弄麒麟戏者，必刻画其形覆驴上，宛然异物，及去其皮，还是驴耳。"闻者甚不平，故为时所忌。初，张说以箴赠盈川之行，戒其苛刻，至官，果以酷称。炯博学善文，与王勃、卢照邻、骆宾王以文辞齐名海内，称"四才子"，亦曰"四杰"，效之者风靡焉。炯尝谓："吾愧在卢前，耻居王后。"张说曰："盈川文如悬河，酌之不竭。耻王后，愧卢前，谦也。"有《盈川集》三十卷行于世。

卢照邻

照邻字升之，范阳人。调邓王府典签，王爱重，谓人曰："此吾之相如也。"后迁新都尉，婴病去官。居太白山草阁，得方士玄明膏饵之，会父丧，号恸，因呕，丹辄出，疾愈甚。家贫苦，贵官时时供衣药，乃去具茨山下，买园数十亩，疏颍水周舍，复豫为墓，偃卧其中。自以当高宗之时尚吏，己独儒；武后尚法，己独黄老；后封嵩山，屡聘贤士，己已废；著《五悲》文以自明。手足挛缓，不起行已十年，每春归秋至，云壑烟郊，辄舆出户庭，悠然一望，遂自伤，作《释疾文》，有云："覆焘虽广，嗟不容乎此生；亭育虽繁，恩已绝乎斯代。"与亲属诀，自沉颍水。有诗文二十卷及《幽忧子》三卷行于世。

骆宾王

宾王，义乌人。七岁能赋诗。武后时，数上疏言事，得罪，贬临海丞。鞅鞅不得志，弃官去。文明中，徐敬业起兵欲反正，往投之，署为府属。为敬业作檄传天下，暴斥武后罪，后见，读之矍然，曰："谁为之？"或以宾王对。后曰："有如此才不用，宰相过也。”及败，亡命不知所之。后宋之问贬还，道出钱塘，游灵隐寺，夜月行吟长廊下，曰：“鹫岭郁岧峣，龙宫隐寂寥。”未得下联。有老僧燃灯坐禅，问曰：“少年不寐而吟讽甚苦，何耶？”之问曰：“欲题此寺而思不属。”僧笑曰：“何不道‘楼观沧海日，门对浙江潮’？”之问终篇曰：“桂子月中落，天香云外飘。扪萝登塔远，刳木取泉遥。云薄霜初下，冰轻叶未凋。待入天台寺，看余渡石桥。”僧一联，篇中警策也。迟明访之，已不见。老僧即骆宾王也，传闻桴海而去矣。后中宗诏求其文，得百余篇，及诗等十卷，命郗云卿次序之，及《百道判集》一卷，今传于世。

杜审言

审言字必简，京兆人，预之远裔。咸亨元年，宋守节榜进士，为隰城尉。恃高才，傲世见疾。苏味道为天官侍郎，审言集判，出谓人曰：“味道必死。”人惊问何故，曰：“彼见吾判，当羞死耳。”又曰：“吾文章当得屈、宋作衙官，吾笔当得王羲之北面。”其矜诞类此。坐事贬吉州司户。及武后召还，将用之，问曰：“卿喜否？”审言舞蹈谢，后令赋《欢喜诗》，称旨，授著作郎，为修文馆直学士，卒。初，审言病，宋之问、武平一往省候，曰：“甚为造化小儿相苦，尚何言。然吾在，久压公等；今且死，但恨不见替人也。”少与李峤、崔融、苏味道为文章四友。有集十卷，今不存，但传诗四十余篇而已。

沈佺期

佺期字云卿，相州人。上元二年郑益榜进士。工五言。由协律，考功郎受赇，长流驩州，后召拜起居郎，兼修文馆直学士。常侍宫中。既侍宴，帝诏学士等为《回波》舞，佺期作弄辞悦帝，诏赐牙绯。历中书舍人。佺期尝以诗赠张燕公，公曰："沈三兄诗清丽，须让居第一也。"诗名大振。

自魏建安迄江左，诗律屡变。至沈约、鲍照、庾信、徐陵，以音韵相婉附，属对精致。及佺期、之问，又加靡丽，回忌声病，约句准篇，著定格律，遂成近体。如锦绣为文，学者宗尚。语曰："苏、李居前，沈、宋比肩。"谓唐诗变体始自二公，犹汉人五言诗始自苏武、李陵也。有集十卷，今传于世。

宋之问

之问字延清，汾州人。上元二年进士。伟貌辩给。甫冠，武后召与杨炯分直习艺馆，累转尚方监丞。后游龙门，诏从臣赋诗，左史东方虬诗先成，后赐锦袍。之问俄顷献，后览之嗟赏，更夺袍以赐。后求北门学士，以有齿疾不许，遂作《明河篇》，有"明河可望不可亲"之句以见志。谄事张易之，坐贬泷州。后逃归，匿张仲之家。闻仲之谋杀武三思，乃告变，擢鸿胪簿，迁考功郎，复媚太平公主。以知举贿赂狼藉，下迁越州长史。穷历剡溪山水，置酒赋诗，日游宴，宾客杂遝。睿宗立，以无悛悟之心，流钦州。御史劾奏，赐死。人言刘希夷之报也。徐坚尝论其文，如"良金美玉，无施不可"。有集行世。

刘希夷

希夷字延芝，颍川人。上元二年郑益榜进士，时年二十五，射策有文名。苦篇咏，特善闺帷之作，词情哀怨，多依古调，体势与时不合，遂不为所重。希夷美姿容，好谈笑，善弹琵琶，饮酒至数斗不醉，落魄不拘常检。尝作《白头吟》，一联云："今年花落颜色改，明年花开复谁在？"既而叹曰："此语谶也，石崇谓'白首同所归'，复何以异！"乃除之。又吟曰："年年岁岁花相似，岁岁年年人不同。"复叹曰："死生有命，岂由此虚言乎？"遂并存之。舅宋之问苦爱后一联，知其未传于人，恳求之，许而竟不与。之问怒其诳己，使奴以土囊压杀于别舍，时未及三十，人悉怜之。有集十卷及诗集四卷，今传。

希夷天赋俊爽，才情如此，想其事业勋名，何所不至。孰谓奇蹇之运，遭逢恶人，寸禄不沾，长怀顿挫，斯才高而见忌者也。贾生悼长沙之屈，祢衡痛江夏之来，倏焉折首，夫何殒命。以隋侯之珠，弹千仞之雀，所较者轻，所失者重，玉迸松摧，良可惜也！况于骨肉相残者乎！

陈子昂

子昂字伯玉，梓州人。开耀二年许旦榜进士。初，年十八时，未知书，以富家子任侠尚气弋博，后入乡校，感悔，即于州东南金华山观读书，痛自修饬，精穷坟典，耽爱黄、老、《易·象》。光宅元年，诣阙上书，谏灵驾入京。武后召见，奇其才，遂拜麟台正字，令云："地籍英华，文称晔晔。"累迁拾遗。圣历初，解官归。会父丧，庐冢次，县令段简贪残，闻其富，造诈诬子昂，胁取赂二十万缗，犹薄之，遂送狱。子昂自筮卦，惊曰："天命不佑，吾殆穷乎！"果死狱中，年四十三。子昂貌柔雅而性褊躁，轻财好施，笃朋友之义。唐兴，文章承徐、庾余风，天下祖尚，子昂始变雅正。初为《感遇》诗三十章，王适见而惊曰："此子必为海内文宗！"由是知名。凡所著论，世以为法，诗调尤工。尝劝后兴明堂、太学以调元气。与游英俊，多秉钧衡。柳公权评曰："能极著述，克备比兴，唐兴以来，子昂而已。"有集十卷，今传。

呜呼！古来材大或难为用，象以有齿，卒焚其身，信哉！子昂之谓欤！

李百药

百药字重规，定州人。幼多病，祖母以百药名之。七岁能文。袭父德林爵。会高祖招杜伏威，百药劝朝京师，中道而悔，怒饮以石灰酒，因大利，几死。既而宿病皆愈。贞观中，拜中书舍人，迁太子庶子。尝侍帝同赋《帝京篇》，手诏褒美曰："卿何身老而才之壮，齿宿而意之新乎？"百药才行，天下推服。好奖荐后进。翰藻沉郁，诗尤所长。有集传世。

李峤

峤字巨山，赵州人。十五通五经，二十擢进士，累迁为监察御史。武后时，同凤阁鸾台平章事，后因罪贬庐州别驾，卒。峤富才思，有所属缀，人辄传讽。明皇将幸蜀，登花萼楼，使楼前善《水调》者奏歌，歌曰："山川满目泪沾衣，富贵荣华能几时？不见只今汾水上，惟有年年秋雁飞。"帝惨怆，移时，顾侍者曰："谁为此？"对曰："故宰相李峤之词也。"帝曰："真才子！"不待曲终而去。峤前与王勃、杨炯接，中与崔融、苏味道齐名，晚诸人没，为文章宿老，学者取法焉。今集五十卷。《杂咏诗》十二卷，单题诗一百二十首，张方为注，传于世。

张说

说字道济，洛阳人。垂拱四年举学综古今科，中第三等；考策日封进，授太子校书。令曰："张说文思清新，艺能优洽。金门对策，已居高科之首；银榜效官，宜申一命之秩。"后累迁凤阁舍人。睿宗时，兵部侍郎、同平章事。开元十八年，终左丞相、燕国公。说敦气节，重然诺。为文精壮，长于碑志，朝廷大述作，多出其手。诗法特妙，晚谪岳阳，诗益悽婉，人谓得江山之助。今有集三十卷，行于世。子均，开元四年进士，亦以诗鸣。

王翰

翰字子羽，并州人。景云元年卢逸下进士及第，又举直言极谏，又举超拔群类科。少豪荡，恃才不羁，喜纵酒，枥多名马，家蓄妓乐。翰发言立意，自比王侯，日聚英杰，纵禽击鼓为欢。张嘉贞为本州长史，厚遇之。翰酒间自歌，舞属嘉贞，神气轩举。张说尤加礼异。及辅政，召为正字，擢驾部员外郎。说罢，翰出为仙州别驾。以穷乐畋饮，贬岭表，道卒。翰工诗，多壮丽之词。文士祖咏、杜华等尝与游从。华母崔氏云："吾闻孟母三迁，吾今欲卜居，使汝与王翰为邻，足矣。"其才名如此。燕公论其文，如"瑀杯玉斝，虽烂然可珍，而多玷缺"云。有集今传。

太史公恨古布衣之侠，湮没无闻，以其义出存亡死生之间而不伐其德，千金驷马，才啻草芥。信哉，名不虚立也！观王翰之气，其若人之俦乎！

吴筠

筠字贞节，华阴人。通经义，美文辞，举进士不中，隐居南阳倚帝山为道士。天宝中，玄宗遣使召至京师，与语甚悦，敕待诏翰林，献《玄纲》三篇。帝问道，对曰："深于道者惟《老子》五千言，其余徒费纸札耳。"复问神仙冶炼之术，曰："此野人之事，积岁月求之，非人主所宜留意。"筠每陈说名教世务，帝重之。初，筠爱会稽山水，往来天台、剡中，与李白、孔巢父相遇酬唱，至是因荐于朝，帝即遣使召之。筠性高鲠，其待诏翰林时，恃承恩顾。高力士素奉佛，尝短筠于上前，筠故多著赋文深诋释氏，颇为通人所讥云。后知天下将乱，苦求还嵩山，诏为立道观。大历间卒，弟子谥为"宗元先生"。善为诗。有集十卷，权德舆序之。

张子容

子容，襄阳人，开元元年常无名榜进士。仕为乐城令。初与孟浩然同隐鹿门山，为死生交，诗篇唱答颇多。后值乱离，流寓江表。尝送内兄李录事归故里云："千年多难与君同，几处移家逐转蓬。白首相逢征战后，青春已过乱离中。行人杳杳看西日，归马萧萧向北风。汉水楚云千万里，天涯此别恨无穷。"后竟弃官归旧业。有诗集，兴趣高远，略去凡近。当时哲匠，咸称道焉。

李昂

昂，开元二年王丘下状元及第。天宝间，仕为礼部侍郎。

知贡举，奖拔寒素甚多。工诗，有《戚夫人楚舞歌》一篇，播传人口，真佳作也。

孙逖

逖，博州人。幼而有文，属思警敏，援笔成篇。开元二年，举手笔俊拔、哲人奇士、隐沦屠钓及文藻宏丽等科，第一人及第。玄宗引见，擢左拾遗、集贤殿修撰，改考功员外郎，迁中书舍人。与颜真卿、李华、萧颖士皆同时，称海内名士。仕终刑部侍郎。善诗，古调今格，悉其所长。集二十卷，今传。

卢鸿

鸿字浩然，隐居嵩山，博学，善八分书，工诗，兼画山水树石。开元初，玄宗备礼征，再三不至。诏曰："鸿有泰一之道，中庸之德，钩深诣微，确乎自高。诏书屡下，每辄辞托，使朕虚心引领，于今有年。虽得素履幽人之介，而失考父滋恭之谊，礼有大伦，君臣之义，不可废也。有司其赍束帛之具，重宣兹旨，想其翻然易节，副朕意焉。"鸿遂至东都，谒见不拜。宰相问状，答曰："礼者忠信所薄，臣敢以忠信见。"帝召升内殿，置酒，拜谏议大夫，固辞。复下诏，许还山。将行，赐隐居服，官营草堂。鸿到山中，广精舍，从学者五百人。及卒，诏赐万钱营葬。后皮日休为《七爱诗》，谓"傲大君者必有真隐，卢征君是也"。工诗，今传甚多。

王泠然

泠然，山东人，开元五年裴耀卿下进士，授将仕郎，守太子校书郎。工文赋诗。气质豪爽，当言无所回忌，乃卓荦奇才，济世之器。惜其不大显而终。有集今传。

刘昚虚

昚虚，嵩山人，姿容秀拔。九岁属文，上书召见，拜童子郎。开元十一年徐征榜进士。调洛阳尉，迁夏县令。性高古，脱略势利，啸傲风尘。后欲卜隐庐阜，不果。交游多山僧道侣。为诗情幽兴远，思雅词奇，忽有所得，便惊众听。当时东南高唱者数十人，声律婉态，无出其右，惟气骨不逮诸公。永明已还，端可杰立江表。善为方外之言。夫何不永，天碎国宝，有志不就，惜哉！集今传世。

王湾

湾，开元十一年常无名榜进士。与学士綦毋潜契切。词翰早著，为天下所称。往来吴楚间，多有著述。如《江南意》一联云："海日生残夜，江春入旧年。"诗人以来，罕有此作。张燕公手题于政事堂，每示能文，令为楷式。曾奉使登终南山，有赋。志趣高远，识者不能弃焉。

崔颢

颢，汴州人，开元十一年源少良下及进士第。天宝中，为尚书司勋员外郎。少年为诗，意浮艳，多陷轻薄。晚节忽变常体，风骨凛然，一窥塞垣，状极戎旅，奇造往往并驱江、鲍。后游武昌，登黄鹤楼，感慨赋诗，及李白来，曰："眼前有景道不得，崔颢题诗在上头。”无作而去，为哲匠敛手云。然行履稍劣，好蒱博，嗜酒，娶妻择美者，稍不惬即弃之，凡易三四。初李邕闻其才名，虚舍邀之。颢至献诗，首章云：“十五嫁王昌。”邕叱曰：“小儿无礼！”不与接而入。颢苦吟咏，尝病起清虚，友人戏之曰：“非子病如此，乃苦吟诗瘦耳。”遂为口实。天宝十三年卒。有诗一卷，今行。

祖咏

咏，洛阳人，开元十二年杜绾榜进士，有文名。商璠评其诗：“翦刻省静，用思尤苦，气虽不高，调颇凌俗，足称为才子也。”少与王维为吟侣。维在济州，寓官舍，《赠祖三诗》有云：“结交三十载，不得一日展。贫病子既深，契阔余不浅。”盖亦流落不偶，极可伤也。后移家归汝坟间别业，以渔樵自终。有诗一卷，传于世。

储光羲

光羲，兖州人，开元十四年严迪榜进士。有诏中书试文章。尝为监察御史。值安禄山陷长安，辄受伪署，贼平后自归，贬死岭南。工诗，格高调逸，趣远情深，削尽常言，挟风雅之道，养浩然之气，览者犹聆《韶》《濩》音，先洗桑濮耳，庶几乎赏音也。有集七十卷，《正论》十五卷，《九经分义疏》二十卷，并传。

卷　二

包融

融，延陵人。开元间，仕历大理司直。与参军殷遥、孟浩然交厚。工为诗。二子何、佶，纵声雅道，齐名当时，号“三包”。有诗一卷行世。

夫人之于学，苦心难。既苦心，成业难。成业者，获名不朽，兼父子兄弟间尤难。历观唐人，父子如三包，六窦，张碧、张瀛，顾况、顾非熊，章孝标、章碣，公孙如杜审言、杜甫，钱起、钱珝，温庭筠、温宪，兄弟如皇甫冉、皇甫曾，李宣古、李宣远，姚系、姚伦等，皆联玉无瑕，清尘远播。芝兰继芳，重难改于父道；《骚》《雅》接响，庶不慊于祖风。四难之间，挥尘之际，亦可以为美谈矣。

崔国辅

国辅，山阴人，开元十四年严迪榜进士，与储光羲、綦毋潜同时。举县令，累迁集贤直学士、礼部郎中。天宝间，坐是王鉷近亲，贬竟陵司马。有文及诗，婉娈清楚，深宜讽咏，乐府短章，古人有不能过也。初至竟陵，与处士陆鸿渐游，三岁，交情甚厚，谑笑永日，又相与较定茶水之品，临别谓羽曰：“予有襄阳太守李憕所遗白驴、乌犎牛各一头，及卢黄门所遗文槐书函一枚，此物皆己之所惜者，宜野人乘蓄，故特以相赠。”雅意高情，一时所尚，有酬酢之歌诗并集传焉。

卢象

象字纬卿，汶水人，鸿之侄也。携家来居江东最久，仕为校书郎、左拾遗、膳部员外郎。受安禄山伪官，贬永州司户参军，后为主客员外郎。有诗名，誉充秘阁，雅而不素，有大体，得国士之风。集二十卷，今传。

同时有韦述，为桑泉尉。时诏求逸书，命述等编校于朝元殿，后为翰林学士。有诗名，今亦传焉。

綦毋潜

潜字孝通，荆南人。开元十四年严迪榜进士及第，授宜寿尉，迁右拾遗，入集贤院待制，复授校书，终著作郎。与李端同时。诗调屹崒峭蒨，足佳句，善写方外之情，历代未有。荆南分野，数百年来，独秀斯人。后见兵乱，官况日恶，挂冠归隐江东别业。王维有诗送之曰："明时久不达，弃置与君同。天命无怨色，人生有素风。"一时文士咸赋诗祖饯，甚荣。有集一卷行世。

王昌龄

昌龄字少伯，太原人。开元十五年李嶷榜进士，授汜水尉。又中宏辞，迁校书郎。后以不护细行，贬龙标尉。以兵火之际归乡里，为刺史闾邱晓所忌而杀。后张镐按军河南，晓愆期，将戮之，辞以亲老，乞恕。镐曰："王昌龄之亲，欲与谁养乎？"晓大惭沮。昌龄工诗，缜密而思清，时称"诗家夫子王江宁"，盖尝为江宁令。与文士王之涣、辛渐交友至深，皆出模范，其名重如此。有诗集五卷。又述作诗格律、境思、体例，共十四篇，为《诗格》一卷，又《诗中密旨》一卷，及《古乐府解题》一卷，今并传。

自元嘉以还，四百年之内，曹、刘、陆、谢，风骨顿尽。逮储光羲、王昌龄，颇从厥迹，两贤气同而体别也。王稍声峻，奇句俊格，惊耳骇目。奈何晚途不矜小节，谤议腾沸，两窜遐荒，使知音者喟然长叹，失归全之道，不亦痛哉！

常建

建，长安人。开元十五年与王昌龄同榜登科。大历中，授盱眙尉。仕颇不如意，遂放浪琴酒，往来太白、紫阁诸峰，有肥遁之志。尝采药山谷中，遇女子，遍体毛绿，自言是秦时宫人，亡入山来，食松叶，遂不饥寒。因授建微旨，所养非常。后寓鄂渚，招王昌龄、张偾同隐，获大名当时。集一卷，今传。

古称高才而无贵仕，诚哉是言！曩刘桢死于文学，鲍照卒于参军，今建亦沦于一尉，悲夫！建属思既精，词亦警绝，似初发通庄，却寻野径，百里之外，方归大道，旨远兴僻，能论意表，可谓一唱而三叹矣。

贺兰进明

进明，开元十六年虞咸榜进士及第，仕为御史大夫。肃宗时，出为河南节度使。时禄山群党未平，尝帅师屯临淮备贼，竟亦无功。进明好古博雅，经籍满腹，其所著述一百余篇，颇穷天人之际。又有古诗、乐府等数十篇，大体符于阮公，皆今所传者云。

崔曙

曙，宋州人，少孤贫，不应荐辟。志况疏爽，择交于方外。苦读书，高栖少室山中，与薛据友善。工诗，言词款要，情兴悲凉，《送别》《登楼》，俱堪泪下。集传于今也。

陶翰

翰，润州人。开元十八年崔明允下进士及第，次年中博学宏辞。与郑昉同时。官至礼部员外郎。为诗词笔双美，既多兴象，复备风骨，三百年以前，方可论其裁制，大为当时所称。今有集相传。

王维

维字摩诘，太原人。九岁知属辞。工草隶，闲音律，岐王重之。维将应举，岐王谓曰："子诗清越者可录数篇，琵琶新声能度一曲，同诣九公主第。"维如其言。是日，诸伶拥维独奏，主问何名，曰："《郁轮袍》。"因出诗卷。主曰："皆我习讽，谓是古作，乃子之佳制乎？"延于上座，曰："京兆得此生为解头，荣哉！"力荐之。开元十九年状元及第，擢左拾遗，迁给事中。贼陷两京，驾出幸，维扈从不及，为贼所擒，服药称瘖病。禄山爱其才，逼至洛阳，供旧职，拘于普施寺。贼宴凝碧池，悉召梨园诸工合乐，维痛悼，赋诗曰："万户伤心生野烟，百官何日再朝天？秋槐花落空宫里，凝碧池头奏管弦。”诗闻行在所。贼平后，授伪官者皆定罪，独维得免。仕至尚书右丞。维诗入妙品上上，画思亦然，至山水平远，云势石色，皆天机所到，非学而能。自为诗云：“当代谬词客，前身应画师。”后人评维“诗中有画，画中有诗”，信哉！客有以《按乐图》示维者，曰：“此《霓裳》第三叠最初拍也。”对曲果然。笃志奉佛，蔬食素衣，丧妻不再娶，孤居三十年。别墅在蓝田县南辋川，亭馆相望。尝自写其景物奇胜，日与文士丘为、裴迪、崔兴宗游览赋诗，琴樽自乐。后表宅请以为寺。临终作书辞亲友，停笔而化。代宗访维文章，弟缙集赋诗等十卷上之，今传于世。

薛据

据，荆南人。开元十九年王维榜进士。天宝六年，又中风雅古调科第一人。于吏部参选，据自恃才名，请受万年录事。流外官诉宰执，以为赤县是某等清要，据无由得之。改涉县令。后仕历司议郎，终水部郎中。据为人骨鲠有气魄，文章亦然。尝自伤不得早达，造句往往追凌鲍、谢。初好栖遁，居高山炼药，晚岁置别业终南山下老焉。有集，今传。

刘长卿

长卿字文房，河间人。少居嵩山读书，后移家来鄱阳最久。开元二十一年徐征榜及第。至德中，历监察御史。以检校祠部员外郎出为转运使判官，知淮西、岳鄂转运留后。观察使吴仲孺诬奏，非罪系姑苏狱，久之，贬潘州南巴尉。会有为辩之者，量移睦州司马。终随州刺史。长卿清才冠世，颇凌浮俗，性刚，多忤权门，故两逢迁斥，人悉冤之。诗调雅畅，甚能炼饰，其自赋伤而不怨，足以发挥风雅，权德舆称为"五言长城"。长卿尝谓："今人称前有沈、宋、王、杜，后有钱、郎、刘、李。李嘉祐、郎士元何得与余并驱！"每题诗不言姓，但书"长卿"，以天下无不知其名者云。灞陵碧涧有别业。今诗集赋文等传世。淮南李穆，有清才，公之婿也。

李季兰

季兰名冶，以字行，峡中人，女道士也。美姿容，神情萧散，专心翰墨；善弹琴，尤工格律。当时才子颇夸纤丽，殊少荒艳之态。冶年六岁时，作《蔷薇》诗云："经时不架却，心绪乱纵横。"其父见曰："此女聪黠非常，恐为失行妇人。"后以交游文士，微泄风声，皆出乎轻薄之口。夫士有百行，女唯四德。季兰则不然，形气既雄，诗意亦荡，自鲍照以下，罕有其伦。时往来剡中，与山人陆羽、上人皎然意甚相得。皎然尝有诗云："天女来相试，将花欲染衣。禅心竟不起，还捧旧花归。"其谑浪至此。又尝会诸贤于乌程开元寺，知河间刘长卿有阴重之疾，诮曰："山气日夕佳。"刘应声曰："众鸟欣有托。"举坐大笑，论者两美之。天宝间，玄宗闻其诗才，诏赴阙，留宫中月余，优赐甚厚，遣归故山。评者谓上比班姬则不足，下比韩英则有余，不以迟暮，亦一俊媪。有集，今传于世。

论曰：《诗》云："《关雎》乐得淑女，以配君子，忧在进贤，不淫其色。哀窈窕，思贤才，而无伤善之心焉。"故古诗之道，各存六义，然终归于正，不离乎雅。是有昔贤妇人，散情文墨，斑斑简牍，概而论之，后来班姬伤秋扇以暂恩，谢娥咏絮雪而同素，大家《七诫》，执者修省。蔡女胡笳，闻而心折。率以明白之操，徽美之诚，欲见于悠远，寓文以宣情，含毫而见志，岂泛滥之故，使人击节沾洒，弹指追念，良有谓焉。噫！笔墨固非女子之事，亦在用之如何耳。苟天之可逃，礼不必备，则词为自献之具，诗有妒情之作。衣服酒食，无闲净之容，铅华膏泽，多鲜饰之态，故不相宜矣。是播恶于众，何《关雎》之义哉！历观唐以雅道奖士类，而闺阁英秀亦能熏染，锦心绣口，蕙情兰性，足可尚矣。中间如李季兰、鱼玄机皆跃出方外，修清净之教，陶写幽怀，留连光景，逍遥闲暇之功，无非云水之念，与名儒比隆，珠往琼复。然浮艳委托之心，终不能尽，白璧微瑕，惟在此耳。薛涛流落歌舞，以灵慧获名当时，此亦难矣。三者既不可略，如刘媛、刘云、鲍君徽、崔仲容、道士元淳、薛缊、崔公达、张窈窕、程长文、梁琼、廉氏、姚月华、裴羽仙、刘瑶、常浩、葛鸦儿、崔莺莺、谭意哥、户部侍郎吉中孚妻张夫人、鲍参军妻文姬、杜羔妻赵氏、张建封妾眄眄、南楚材妻薛媛等，皆能华藻，才色双美者也。或望幸离宫，伤宠后掖；或以从军万里，断绝音耗；或祗役连年，迢遥风水；或为宕子妻，或为商人妇。花雨春夜，月露秋天，玄鸟将谢，宾鸿来届，捣锦石之流黄，织回文于缃绮，魂梦飞远，关山到难。当此时也，濡毫命素，写怨书怀，一语一联，俱堪堕泪。至若间以丰丽，杂以纤秾，导淫奔之约，叙久旷之情，不假绿琴，但飞红纸，中间不能免焉。尺有短而寸有长，故未欲椎埋之云尔。

阎防

防，河中人，开元二十二年李琚榜及第。颜真卿甚敬爱之，欲荐于朝，不屈。为人好古博雅，诗语真素，魂清魄爽，放旷山水，高情独诣。于终南山丰德寺结茅茨读书。百丈溪是其隐处，题诗云："浪迹弃人世，还山自幽独。始傍巢由踪，吾其获心曲。"又云："养闲度人事，达命知止足。不学鲁国儒，俟时劳伐辐。"后信命，不务进取，以此自终。有诗集行世。

李颀

颀，东川人，开元二十三年贾季邻榜进士及第，调新乡县尉。性疏简，厌薄世务，慕神仙，服饵丹砂，期轻举之道，结好尘喧之外，一时名辈，莫不重之。工诗，发调既清，修辞亦秀，杂歌咸善，玄理最长，多为放浪之语，足可震荡心神。惜其伟才，只到黄绶。故其论道家，往往高于众作。有集，今传。

张諲

諲，永嘉人，初隐少室山下，闭门修肄，志甚勤苦，不及声利。后应举，官至刑部员外郎。明《易》象，善草隶，兼画山水。诗格高古。与李颀友善，事王维为兄，皆为诗酒丹青之契。维赠诗云："屏风误点惑孙郎，团扇草书惊内史。"李颀赠曰："小王破体闲支策，落月梨花空照壁。诗堪记室妒风流，画与将军作勍敌。"天宝中，谢官归故山偃仰，不复来人间矣。有诗传世。

孟浩然

浩然，襄阳人。少好节义，诗工五言。隐鹿门山，即汉庞公栖隐处也。四十游京师，诸名士间尝集秘书省联句，浩然曰："微云淡河汉，疏雨滴梧桐。"众钦服。张九龄、王维极称道之。维待诏金銮，一旦私邀入，商较风雅，俄报玄宗临幸，浩然错愕，伏匿床下。维不敢隐，因奏闻。帝喜曰："朕素闻其人而未见也。"诏出，再拜。帝问曰："卿将诗来耶？"对曰："偶不赍。"即命吟近作，诵至"不才明主弃，多病故人疏"之句，帝慨然曰："卿不求仕，朕何尝弃卿，奈何诬我！"因命放还南山。后张九龄署为从事。开元末，王昌龄游襄阳，时新病起，相见甚欢，浪情宴谑，食鲜勤疾而终。

古称祢衡不遇，赵壹无禄，观浩然罄折谦退，才名日高，竟沦明代，终身白衣，良可悲夫！其诗文采丰茸，经纬绵密，半遵雅调，全削凡近，所著三卷今传。王维画浩然像于郢州，为"浩然亭"。咸通中，郑诚谓贤者名不可斥，更名曰"孟亭"。今存焉。

丘为

为，嘉兴人。初，累举不第，归山读书数年。天宝初，刘单榜进士。王维甚称许之，尝与唱和。初，事继母孝，有灵芝生堂下。累官太子右庶子。时年八十余，母犹无恙，给俸禄之半。观察使韩滉以为致仕官给禄，所以惠养老臣，不可在丧为异，唯罢春秋羊酒。初还，县令谒之，为候门罄折；令坐，方拜。里胥立庭下，既出，乃敢坐。经县署，降马而过。举动有礼。卒年九十六，有集行世。

李白

白字太白，山东人。母梦长庚星而诞，因以命之。十岁通五经。自梦笔头生花，后天才赡逸。喜纵横，击剑为任侠，轻财好施。更客任城，与孔巢父、韩准、裴政、张叔明、陶沔居徂徕山中，日沉饮，号“竹溪六逸”。天宝初，自蜀至长安，道未振，以所业投贺知章，读至《蜀道难》，叹曰：“子谪仙人也。”乃解金龟换酒，终日相乐，遂荐于玄宗，召见金銮殿，论时事，因奏颂一篇。帝喜赐食，亲为调羹。诏供奉翰林。尝大醉上前，草诏，使高力士脱靴，力士耻之，摘其《清平调》中飞燕事，以激怒贵妃。帝每欲与官，妃辄沮之。白益傲放，与贺知章、李适之、汝阳王琎、崔宗之、苏晋、张旭、焦遂为饮酒八仙人。恳求还山，赐黄金，诏放归。白浮游四方，欲登华山，乘醉跨驴经县治，宰不知，怒引至庭下曰：“汝何人，敢无礼！”白供状不书姓名，曰：“曾令龙巾拭吐，御手调羹，贵妃捧砚，力士脱靴。天子门前尚容走马，华阴县里不得骑驴？”宰惊愧拜谢曰：“不知翰林至此。”白长笑而去。尝乘舟与崔宗之自采石至金陵，著宫锦袍坐，傍若无人。禄山反，明皇在蜀，永王璘节度东南，白时卧庐山，辟为僚佐。璘起兵反，白逃还彭泽。璘败，累系浔阳狱。初，白游并州，见郭子仪，奇之，曾救其死罪。至是，郭子仪请官以赎，诏长流夜郎。白晚节好黄老，度牛渚矶，乘酒捉月，沉水中。初，悦谢家青山，今墓在焉。有文集二十卷行世。或云：白，凉武昭王暠九世孙也。

杜甫

甫字子美，京兆人。审言生闲，闲生甫。贫，少不自振，客吴、越、齐、赵间。李邕奇其材，先往见之。举进士，不中第，困长安。天宝三载，玄宗朝献太清宫，飨庙及郊，甫奏赋三篇。帝奇之，使待诏集贤院，命宰相试文章，擢河西尉，不拜，改右卫率府胄曹参军。数上赋颂，高自称道，且言："先臣恕、预以来，承儒守官十一世，迨审言以文章显。臣赖绪业，自七岁属辞，且四十年，然衣不盖体，常寄食于人，窃恐转死沟壑，伏惟天子哀怜之。若令执先臣故事，拔泥涂久辱，则臣之述作，虽不足鼓吹六经，先鸣数子，至沉郁顿挫，随时敏给，扬雄、枚皋可企及也。有臣如此，陛下其忍弃之？"会禄山乱，天子入蜀，甫避走三川。肃宗立，自鄜州羸服欲奔行在，为贼所得。至德二年，亡走凤翔，上谒，拜左拾遗。与房琯为布衣交，琯时败兵，又以琴客董廷兰之故罢相，甫上疏言："罪细，不宜免大臣。"帝怒，诏三司杂问。宰相张镐曰："甫若抵罪，绝言者路。"帝解，不复问。时所在寇夺，甫家寓鄜，弥年艰窭，孺弱至饿死。因许甫自往省视。从还京师，出为华州司功参军。关辅饥，辄弃官去，客秦州，负薪拾橡栗自给。流落剑南，营草堂成都西郭浣花溪。召补京兆功曹参军，不至。会严武节度剑南西川，往依焉。武再帅剑南，表为参谋，检校工部员外郎。武以世旧待甫甚善，亲诣其家，甫见之，或时不巾，而性褊躁傲诞，常醉登武床，瞪视曰："严挺之乃有此儿！"武中衔之。一日欲杀甫，集吏于门，武将出，冠钩于帘者三。左右走报其母，力救得止。崔旰等乱，甫往来梓、夔间。大历中，出瞿塘，泝沅、湘以登衡山，因客耒阳，游岳祠，大水暴至，涉旬不得食。县令具舟迎之，乃得还。为设牛炙白酒，大醉，一昔卒，年五十九。甫放旷不自检，好论天下大事，高而不切也。与李白齐名，时号"李、杜"。数尝寇乱，挺节无所污。为歌诗，伤时挠弱，情不忘君，人皆怜之。坟在岳阳。有集六十卷，及润州刺史樊晃纂《小集》，今传。

能言者未必能行，能行者未必能言。观李、杜二公，踦跂版荡之际，语语王霸，褒贬得失，忠孝之心，惊动千古。《骚》《雅》之妙，双振当时。兼众善于无今，集大成于往作，历世之下，想见风尘。惜乎长辔未骋，奇才并屈，竹帛少色，徒列空言，呜呼哀哉！昔谓杜之典重，李之飘逸，神圣之际，二公造焉。"观于海者难为水，游李杜之门者难为诗"，斯言信哉！

郑虔

虔，郑州人，高士也。苏许公为宰相，申以忘年之契，荐为著作郎。尝以当世事著书八十余篇，有告虔私撰国史者，虔仓惶焚之，坐谪十年。玄宗爱其才，开元二十五年，为更置广文馆，虔为博士。广文博士自虔始。杜甫为交，有赠诗曰："才名四十年，坐客寒无毡。惟有苏司业，时时与酒钱。"其穷饥轗轲，淡如也。好琴酒篇咏，善图山水。能书，苦无纸，于慈恩寺贮柿叶数屋，逐日就书殆遍。尝自写其诗并画表献之，玄宗大署其尾曰："郑虔三绝。"与李、杜为密友，多称"郑广文"。禄山反，伪授水部员外郎，托以疾，不夺。贼平，张通、王维并囚系，三人皆善画，崔圆使绘斋壁，因为析解，得贬台州司户，卒。有集行世。

高适

适字达夫，一字仲武，沧州人。少性拓落，不拘小节，耻预常科，隐迹博徒，才名更远。后举有道，授封丘尉。未几，哥舒翰表掌书记，后擢谏议大夫，负气敢言，权近侧目。李辅国忌其才，蜀乱，出为蜀、彭二州刺史，迁西川节度使，还，为左散骑常侍，永泰初卒。适尚气节，语王霸，衮衮不厌。遭时多难，以功名自许。年五十，始学为诗，即工，以气质自高，多胸臆间语。每一篇已，好事者辄传播吟玩。尝过汴州，与李白、杜甫会，酒酣登吹台，慷慨悲歌，临风怀古，人莫测也。中间唱和颇多，今有诗文等二十卷，及所选至德迄大历述作者二十六人诗为《中兴间气集》二卷，并传。

沈千运

千运，吴兴人。工旧体诗，气格高古，当时士流皆敬慕之，号为“沈四山人”。天宝中，数应举不第，时年齿已迈，遨游襄、邓间，干谒名公。来濮上，感怀赋诗曰：“圣朝优贤良，草泽无遗族。人生各有命，在余胡不淑？一生但区区，五十无寸禄。衰落当捐弃，贫贱招谤讟。”其时多艰，自知屯蹇，遂浩然有归欤之志，赋诗曰：“栖隐无别事，所愿离风尘。不来城邑游，礼乐拘束人。”又曰：“如何巢与由，天子不得臣。”遂释志，还山中别业。尝曰：“衡门之下，可以栖迟。有薄田园，儿稼女织，偃仰今古，自足此生，谁能作小吏走风尘下乎！”高适赋《还山吟》赠行曰：“还山吟，天高日暮寒山深，送君还山识君心。人生老大须恣意，看君解作一生事，山间偃仰无不至。石泉淙淙若风雨，桂花松子常满地。卖药囊中应有钱，还山服药又长年。白云劝尽杯中物，明月相随何处眠？眠时忆问醒时意，梦魂可以相周旋。”肃宗议备礼征致，会卒而罢。有集传世。

孟云卿

云卿，关西人。天宝间不第，气颇难平。志亦高尚，怀嘉遁之节。与薛据相友善。尝流寓荆州，杜工部多有与云卿赠答之作，甚爱重之。工诗，其体祖述沈千运，渔猎陈拾遗，词气伤怨，虽然模效，才得升堂，犹未入室。当时古调，无出其右，一时之英也。如“虎豹不相食，哀哉人食人”；又“朝亦常苦饥，暮亦常苦饥。飘飘万里余，贫贱多是非。少年莫远游，远游多不归”，皆为当代推服。韦应物过广陵，遇孟九，赠诗云：“高文激颓波，四海靡不传。西施且一笑，众女安得妍。”其才名于此可见矣。仕终校书郎。集今传。

云卿禀通济之才，沦吞噬之俗，栖栖南北，苦无所遇，何生之不辰也！身处江湖，心存魏阙，犹杞国之人忧天坠，相率而逃者，匹夫之志，亦可念矣。

卷　三

岑参

参，南阳人，文本之后。天宝三年赵岳榜第二人及第，累官左补阙、起居郎，出为嘉州刺史。杜鸿渐表置安西幕府，拜职方郎中兼侍御史，辞罢。别业在杜陵山中，后终于蜀。参累佐戎幕，往来鞍马烽尘间十余载，极征行离别之情，城障塞堡，无不经行。博览史籍，尤工缀文，属词清尚，用心良苦。诗调尤高，唐兴罕见此作。放情山水，故常怀逸念，奇造幽致。所得往往超拔孤秀，度越常情，与高适风骨颇同，读之令人慷慨怀感。每篇绝笔，人辄传咏。至德中，裴休、杜甫等尝荐其识度清远，议论雅正，佳名早立，时辈所仰，可以备献替之官。未及大用而谢世，岂不伤哉！有集十卷行于世。杜确为之序云。

王之涣

之涣，蓟门人。少有侠气，所从游者皆五陵少年，击剑悲歌，从禽纵酒。中折节工文，十年，名誉日振。耻困场屋，遂交谒名公。为诗情致雅畅，得齐、梁之风。每有作，乐工辄取以被声律。与王昌龄、高适、畅当忘形尔汝。尝共诣旗亭，有梨园名部继至。昌龄等曰："我辈擅诗名，未定甲乙，可观诸伶讴诗，以多者为优。"一伶唱昌龄二绝句，一唱适一绝句。

之涣曰：“乐人所唱皆下俚之词。”须臾，一佳妓唱曰：“黄沙远上白云间，一片孤城万仞山。羌笛何须怨杨柳，春风不度玉门关。”复唱二绝，皆之涣词。三子大笑曰：“田舍奴，吾岂妄哉！”诸伶竟不谕其故，拜曰：“肉眼不识神仙。”三子从之酣醉终日。其狂放如此云。有诗传于今。

贺知章

知章字季真，会稽人。少以文词知名，性旷夷，善谈论笑谑。证圣初，擢进士、超拔群类科。陆象先在中书，引为太常博士。象先与知章最亲善，常曰：“季真清谈风韵，吾一日不见，则鄙吝生矣。”当时贤达皆倾慕之。为太子宾客。开元十三年，迁礼部侍郎兼集贤院学士。晚年尤加纵诞，无复礼度。自号“四明狂客”，又称“秘书外监”，遨游里巷。又善草隶，每醉，辄属辞，笔不停辍，咸有可观。每纸不过数十字，好事者共传宝之。天宝三年，因病梦游帝居；及寤，表请为道士，求还乡里，即舍住宅为千秋观。上许之。诏赐镜湖剡溪一曲以给渔樵，帝赋诗，及太子百官祖饯。寿八十六。集今传。

包何

何字幼嗣，润州延陵人，包融之子也。与弟佶俱以诗鸣，时称“二包”。天宝七年杨誉榜及第。曾师事孟浩然，授格法，与李嘉祐相友善。大历中，仕终起居舍人。诗传者可数，盖流离世故，率多素辞，大播芳名，亦当时望族也。

包佶

佶字幼正，天宝六年杨护榜进士。累迁秘书监。刘晏治财，奏为汴东两税使。及晏罢，以佶为诸道盐铁等使，未及，迁刑部侍郎、太常少卿，拜谏议大夫、御史中丞。居官谨确，所在有声。佶天才赡逸，气宇清深，心醉古经，神和大雅，诗家老斫轮也。与刘长卿、窦叔向诸公皆莫逆之爱。晚岁沾风痹之疾，辞宠乐高，不及荣利。卒封丹阳郡公。有诗集行于世。

张彪

彪，颍上人。初赴举，无所遇，适遭丧乱，奉老母避地隐居嵩阳，供养至谨。与孟云卿为中表，俱工古调诗。云卿有赠云："善道居贫贱，洁服蒙尘埃。行行无定心，坎壈难归来。"性高简，善草书，志在轻举，咏《神仙》云："五谷非长年，四气乃灵药。列子何必待，吾心满寥廓。"时与杜甫往还，尝《寄张十二山人》诗云："静者心多妙，先生艺绝伦。草书何太古，诗兴不无神。曹植休前辈，张芝更后身。数篇吟可老，一字买堪贫。"观工部之作，可知其人矣。

李嘉祐

嘉祐字从一，赵州人。天宝七年杨誉榜进士。为秘书正字，以罪谪南荒，未几何，有诏量移为鄱阳宰，又为江阴令，后迁台、袁二州刺史。善为诗，绮丽婉靡，与钱、郎别为一体，往往涉于齐、梁时风，人拟为吴均、何逊之敌。自振藻天朝，大收芳誉，中兴风流也。有集，今传。

贾至

至字幼几，洛阳人，曾之子也。曾开元间与苏晋同掌制诰。至天宝十年明经擢第，累官起居舍人，知制诰。从幸西川，当撰传位肃宗册文，既进稿，玄宗曰："先天诰命乃父所为，今兹大册尔又为之，两朝盛典出卿家父子，可谓继美矣。"大历初，迁京兆尹，以散骑常侍卒。初尝以事谪守巴陵，与李白相遇，日酣杯酒，追忆京华旧游，多见酬唱。白赠诗有云："圣主恩深汉文帝，怜君不遣到长沙。"至特工诗，俊逸之气不减鲍照、庾信，调亦清畅，且多素辞，盖厌于漂流沦落者也。有集三十余卷，今传。

鲍防

防字子慎，天宝十二年杨儇榜进士，襄阳人也。善辞章，笃志于学，累官至太原尹、河东节度使，人乐其治，不减龚、黄，诏图形别殿。又历福建、江西观察使。丁乱，从幸奉天，除礼部侍郎，封东海公，又迁御史大夫。贞元元年策贤良方正，得穆质、柳公绰等，皆位至台鼎，世美其知人。时比岁旱，质对："汉故事，免三公，烹弘羊。"权近独孤愐欲下按治，防曰："使上闻所未闻，不亦善乎？"置质高第。帝见策嘉之。授工部尚书，卒。防工于诗，兴思优足，风调严整，凡有感发，以讥切世弊，正国音之宗派也。与谢良为诗友，时亦称鲍、谢云。有集，今传。

殷遥

遥，丹阳人，天宝间，常仕为忠王府仓曹参军，与王维结交，同慕禅寂，志趣高疏，多云岫之想。而苦家贫，死不能葬，一女才十岁，日哀号于亲爱，怜之者赗赠，埋骨石楼山中。工诗，词彩不群，而多警句，杜甫尝称许之。有诗传于今。

张继

继字懿孙，襄州人。天宝十二年礼部侍郎杨浚下及第。与皇甫冉有髫年之故，契逾昆玉。早振词名。初来长安，颇矜气节，有《感怀》诗云："调与时人背，心将静者论。终年帝城里，不识五侯门。"尝佐镇戎军幕府，又为盐铁判官。大历间，入内侍，仕终检校祠部郎中。继博览有识，好谈论，知治体，亦尝领郡，辄有政声。诗情爽激，多金玉音。盖其累代词伯，积袭弓裘。其于为文，不雕不饰，丰姿清迥，有道者风。集一卷，今传。

元结

结字次山，武昌人，鲁山令元紫芝族弟也。少不羁，弱冠始折节读书。天宝十三年进士。礼部侍郎杨浚见其文曰："一第慁子耳！"遂擢高品。后举制科。会天下乱，沉浮人间，苏源明荐于肃宗，授右金吾兵曹，累迁御史，参山南来瑱府，除容管经略使。始隐于商山中，称"元子"；逃难入琦玗洞，称"琦玗子"，或称"浪士"，渔者或称"聱叟"、酒徒"漫叟"。

及为官，呼“漫郎”，皆以命所著。性梗僻，深憎薄俗，有忧道闵世之心。《中兴颂》一文，灿烂金石，清夺湘流。作诗著辞，尚聱牙。天下皆知敬仰。复嗜酒，有句云：“有时逢恶客。”自注：“非酒徒即恶客也。”有《文编》十卷，及所集当时人诗为《箧中集》一卷，并传。

郎士元

士元字君胄，中山人也。天宝十五载卢庚榜进士。宝应初，选京畿县官，诏试政事中书，补渭南尉。历左拾遗，出为郢州刺史。与员外郎钱起齐名。时朝廷自丞相以下，出牧奉使，无两君诗文祖饯，人以为愧，其珍重如此。二公体调，大抵欲同，就中郎君稍更闲雅，逼近康乐，珠联玉映，不觉成编，掩映时流，名不虚矣。有别业在半日吴村，王季友、钱起等皆见题咏，每夸胜绝。诗集今传于世。

道人灵一

一公，剡中人。童子出家，瓶钵之外，余无有。天性超颖，追踪谢客，隐麻源第三谷谷中，结茅读书。后白业精进，居若耶溪云门寺，从学者四方而至矣。尤工诗，气质淳和，格律清畅。两浙名山暨衡、庐诸甲刹，悉所经行。与皇甫昆季、严少府、朱山人、彻上人等为诗友，酬赠甚多。刻意声调，苦心不倦，骋誉丛林，后顺寂于岑山。集今传世。

论曰：自齐、梁以来，方外工文者，如支遁、道遒、惠休、宝月之俦，驰骤文苑，沉淫思藻，奇章伟什，绮错星陈，不为寡矣。厥后丧乱，兵革相寻，缁素亦已狼藉，罕有复入其流者。至唐累朝，雅道大振，古风再作，率皆崇衷像教，驻念津梁，龙象相望，金碧交映。虽寂寥之山阿，实威仪之渊薮。宠光优渥，无逾此时。故有颠顿文场之人，憔悴江湖之客，往往裂冠裳，拨矰缴，杳然高迈，云集萧斋，一食自甘，方袍便足，灵台澄皎，无事相干。三余有简牍之期，六时分吟讽之隙。青峰瞰门，绿水周舍，长廊步屧，幽径寻真，景变序迁，荡入冥思。凡此数者，皆达人雅士，夙所钦怀，虽则心侔迹殊，所趣无间。会稽传孙、许之玄谈，庐阜接谢、陶于白社，宜其日锻月炼，志弥厉而道弥精。佳句纵横，不废禅定，岩穴相迩，更唱迭酬，苦于三峡猿，清同九皋鹤，不其伟欤！与夫迷津畏途，埋玉世虑，蓄愤于心，发在篇咏者，未可同年而论矣。然道或浅深，价有轻重，未能悉采。其乔松于灌莽，野鹤于鸡群者，有灵一、灵彻、皎然、清塞、无可、虚中、齐己、贯休八人，皆东南产秀，共出一时，已为录实。其或虽以多而寡称，或著少而增价者，如惟审、护国、文益、可止、清江、法照、广宣、无本、修睦、无闷、太易、景云、法振、栖白、隐峦、处默、卿云、栖一、澹交、良乂、若虚、云表、昙域、子兰、僧鸾、怀素、惠标、可朋、怀浦、慕幽、善生、亚齐、尚颜、栖蟾、理莹、归仁、玄宝、惠侃、法宣、文秀、僧泚、清尚、智暹、沧浩、不特等四十五人，名既隐僻，事且微冥，今不复喋喋云尔。

皇甫冉

冉字茂政，安定人，避地来寓丹阳，耕山钓湖，放适闲淡，或云秘书少监彬之侄也。十岁能属文，张九龄一见叹以清才。天宝十五年卢庚榜进士，调无锡尉。营别墅阳羡山中。大历初，王缙为河南节度，辟掌书记，后入为左金吾卫兵曹参军，仕终拾遗、左补阙。公自擢桂礼闱，便称高格，往以世道艰虞，遂心江外，故多飘薄之叹。每文章一到朝廷，而作者变色，当年才子，悉愿缔交，推为宗伯。至其造语玄微，端可平揖沈、谢，雄视潘、张。惜乎长辔未骋，芳兰早凋，良可痛哉！有诗集三卷，独孤及为序，今传。

皇甫曾

曾字孝常，冉之弟也。天宝十七年杨儇榜进士。善诗，出王维之门。与兄名望相亚，当时以比景阳、孟阳，协居上品，载处下流，侍御、补阙，文词亦然。体制清洁，华不胜文，为士林所尚。仕历侍御史，后坐事贬舒州司马，量移阳翟令。有诗一卷，传于世。

独孤及

及字至之，河南人。丱角时诵《孝经》，父试之曰："尔何志？"语曰："立身行道，扬名于后世。"天宝末，以道举高第，代宗召为左拾遗，迁礼部员外郎，历濠、舒、常三州刺史。及性孝友，喜鉴拔。为文必彰明善恶，长于议论。工诗，格调高古，风尘迥绝，得大名当时。有集传世。

尝读《选》中沈、谢诸公诗，有题《新安江水至清，浅深见底，贻京邑游好》，及《石门新营所住，四面高山，回溪石濑，茂林修竹》，及《田南树园激流植援》《斋中读书》《南楼中望所迟客》《晚登三山还望京邑》等数端，皆奇崛精当，冠绝古今，无曾发其韫奥者。逮盛唐，沈、宋、独孤及、李嘉祐、韦应物等诸才子集中，往往各有数题，片言不苟，皆不减其风度，此则无传之妙。逮元和以下，佳题尚罕，况于诗乎？立题乃诗家切要，贵在卓绝清新，言简而意足，句之所到，题必尽之，中无失节，外无余语，此可与智者商榷云，因举而论之。

刘方平

方平，河南人。白皙美容仪。二十工词赋，与元鲁山交善。隐居颍阳大谷，尚高不仕。皇甫冉、李颀等相与赠答，有云："篱边颍阳道，竹外少姨峰。"神意淡泊。善画山水，墨妙无前。汧国公李勉延至斋中，甚敬爱之，欲荐于朝，不忍屈，辞还旧隐。工诗，多悠远之思，陶写性灵，默会风雅，故能脱略世故，超然物外，区区斗筲，何足以系刘先生哉！有集，今传。

秦系

系字公绪，会稽人。天宝末，避乱剡溪，自称"东海钓客"。北都留守薛兼训奏为仓曹参军，不就。客泉州南安九日山中，有大松百余章，俗传东晋时所植，系结庐其上，穴石为研，注《老子》，弥年不出。时姜公辅以直言罢为泉州别驾，见系辄穷日不能去，筑室与相近，遂忘流落之苦。公辅卒，妻子在远，系为营葬山下，其好义如此。张建封闻系不可致，请就加校书郎。与刘长卿、韦应物善，多以诗相赠答。权德舆曰："长卿自以为五言长城，系用偏师攻之，虽老益壮。"年八十余卒。南安人思之，号其山为"高士峰"，今有"丽句亭"在焉。集一卷，今传。

张众甫

众甫，京口人。隐居不务进取，与皇甫御史友善，精庐接近。后各游四方，曾寄处士诗云："伏腊同鸡黍，柴门闭雪天。"时官亦有征辟者，守死善道，卒不就。众甫诗婉媚绮错，巧用文字，工于兴喻，文流中佳士也。同在一时者，有赵微明、于逖、蒋涣、元季川，俱山颠水涯苦学贞士，名同兰茝之芳，志非银黄之慕，吟咏性灵，陶陈衷素，皆有佳篇，不能湮落。惜其行藏之大概不见于记录，故缺其考详焉。

严维

维，字正文，越州人。初隐居桐庐，慕子陵之高风。至德二年，江淮选补使、侍郎崔涣下以词藻宏丽进士及第。以家贫亲老，不能远离，授诸暨尉，时已四十余。后历秘书郎。严中丞节度河南，辟佐幕府，迁余姚令，仕终右补阙。维少无宦情，怀家山之乐，以业素从升斗之禄，聊代耕耳。诗情雅重，挹魏、晋之风，锻炼铿锵，庶少遗恨。一时名辈，孰匪金兰。诗集一卷，今传。

于良史

良史，至德中，仕为侍御史。诗体清雅，工于形似，又多警句。盖其珪璋特达，早步清朝，兴致不群，词苑增价。虽平生似昧，而篇什多传。

灵彻上人

灵彻姓汤氏，字澄源，会稽人。自童子辞父兄入净，戒行果洁，方便读书，便觉勤苦，受诗法于严维，遂籍籍有声。及维卒，乃抵吴兴，与皎然居何山游讲，因以书荐于包侍郎佶，佶得之大喜，又以书致于李侍郎纾。时二公以文章风韵为世宗。贞元中，西游京师，名振辇下，缁流疾之，遂造飞语激动中贵，因诬奏，得罪，徙汀州。会赦归东越，时吴、楚间诸侯，各宾礼招延之。元和十一年，终于宣州开元寺，年七十有一。门人迁归，建塔于山阴天柱峰下。上人诗多警句，能备众体。如《芙蓉寺》云："经来白马寺，僧到赤乌年。"《谪汀州》云："青蝇为吊客，黄耳寄家书。"性巧逸，居沃洲寺，尝取桐叶剪刻制器为莲花漏，置盆水之上，穿孔细漏水，半之则沉，每昼夜十二沉，为行道之节。初居嵩阳兰若，后来住匡庐东林寺，如天目、四明、栖霞及衡、湘诸名山，行锡几遍。尝与灵一上人约老天台，未得遂志，虽结念云壑，而才名拘牵，罄息经微，吟讽无已，所谓"拔乎其萃"，游方之外者也。有集十卷，及录大历至元和中名人酬唱集十卷，今传。

陆羽

羽字鸿渐，不知所生。初，竟陵禅师智积得婴儿于水滨，育为弟子。及长，耻从削发，以《易》自筮，得"蹇"之"渐"曰："鸿渐于陆，其羽可用为仪。"始为姓名。有学，愧一事不尽其妙。性诙谐，少年匿优人中，撰《谈笑》万言。天宝间，署羽伶师，后遁去。古人谓"洁其行而秽其迹"者也。上元初，结庐苕溪上，闭门读书，名僧高士，谈宴终日。貌寝，口吃而辩。闻人善，若在己。与人期，虽阻虎狼不避也。自称“桑苎翁”，又号“东岗子”。工古调歌诗，兴极闲雅，著书甚多。扁舟往来山寺，唯纱巾藤鞋，短褐犊鼻，击林木，弄流水。或行旷野中，诵古诗，裴回至月黑，兴尽恸哭而返。当时以比接舆也。与皎然上人为忘言之交。有诏拜太子文学。

羽嗜茶，造妙理，著《茶经》三卷，言茶之原、之法、之具，时号“茶仙”。天下益知饮茶矣。鬻茶家以瓷陶羽形，祀为神，买十茶器，得一鸿渐。初，御史大夫李季卿宣慰江南，喜茶，知羽，招之。羽野服挈具而入。李曰：“陆君善茶，天下所知，扬子中泠水，又殊绝，今二妙千载一遇，山人不可轻失也。”茶毕，命奴子与钱。羽愧之，更著《毁茶论》。与皇甫补阙善。时鲍尚书防在越，羽往依焉。冉送以序曰：“君子究孔释之名理，穷歌诗之丽则。远墅孤岛，通舟必行；鱼梁钓矶，随意而往。夫越地称山水之乡，辕门当节钺之重，鲍侯知子爱子者，将解衣推食，岂徒尝镜水之鱼，宿耶溪之月而已！”集并《茶经》今传。

顾况

况字逋翁，苏州人。至德二年，天子幸蜀，江东侍郎李希言下进士。善为歌诗，性诙谑，不修检操，工画山水。初为韩晋江南判官。德宗时，柳浑辅政，荐为秘书郎。况素善于李泌，遂师事之，得其服气之法，能终日不食。及泌相，自谓当得达官，久之，迁著作郎。及泌卒，作《海鸥咏》嘲诮权贵，大为所嫉，被宪劾，贬饶州司户。作诗曰：“万里飞来为客鸟，曾蒙丹凤借枝柯。一朝凤去梧桐死，满目鸱鸢奈尔何！”遂全家去隐茅山，炼金拜斗，身轻如羽。况暮年，一子即亡，追悼哀切，吟曰："老人丧爱子，日暮泣成血。老人年七十，不作多时别。"其年又生一子，名非熊，三岁始言："在冥漠中，闻父吟苦，不忍，乃来复生。"非熊后及第，自长安归庆，已不知况所在；或云得长生诀仙去矣。今有集二十卷传世，皇甫湜为之序。

张南史

南史字季直，幽州人。工弈棋，神算无敌，游心太极。尝幅巾藜杖出入王侯之宅十年，高谈阔视，慷慨奇士也。中岁感激，始苦节学文，无希世苟合之意。数年间，稍入诗境，调体超闲，情致兼美，如并、燕老将，气韵沉雄，时少及之者。肃宗时，庙堂奖拔，仕为左卫仓曹参军。后避乱寓居扬州扬子。难平再召，未及赴而卒。有诗一卷，今传。

戎昱

昱，荆南人。美风度，能谈。少举进士，不上，乃放游名都。虽贫士，而轩昂，气不消沮。爱湖湘山水，来客。时李夔廉察桂林，寓官舍，月夜，闻邻居行吟之音清丽，迟明访之，乃昱也，即延为幕宾，待之甚厚。崔中丞亦在湖南，爱之。有女国色，欲以妻昱，而不喜其姓戎，能改则订议。昱闻之，以诗谢云："千金未必能移姓，一诺从来许杀身。"自谓李大夫恩私至深，无任感激。初事颜平原，尝佐其征南幕，亦累荐之。卫伯玉镇荆南。辟为从事。历虔州刺史。至德中，以罪谪为辰州刺史。后客剑南，寄家陇西数载。宪宗时，边烽累急，大臣议和亲，上曰：“比闻一诗人姓名稍僻者，为谁？”宰相对以“冷朝阳、包子虚”，皆非。帝举其诗，对曰：“戎昱也。”上曰：“尝记其《咏史》云：‘汉家青史上，拙计是和亲。社稷依明主，安危托妇人。岂能将玉貌，便拟净沙尘。地下千年骨，谁为辅佐臣。’”因笑曰：“魏绛何其懦也，此人如在，可与武陵桃花源，足称其清咏。”士林荣之。昱诗在盛唐，格气稍劣，中间有绝似晚作。然风流绮丽，不亏政化，当时赏音，喧传翰苑，固不诬矣。有集，今传。

古之奇

之奇，宝应二年礼部侍郎洪源下及第，与耿沛同时。尝为安西幕府书记，与李司马端有金兰之好。工古调，足幽闲淡泊之思，婉而成章，得名艺圃，不泛然矣。诗集传于世。

苏涣

涣，广德二年杨栖梧榜进士。本不平者，往来剽盗，善用白弩，巴赍商人苦之，称曰“白跖”，后自知非，折节从学，遂成名。累迁侍御史。湖南崔中丞瓘辟为从事。瓘遇害，继走交、广，扇动哥舒晃跋扈，如蛟龙见血，本质彰矣。居无何，伏诛。初尝为《变律诗》十九首上广州节度李勉，其文意长于讽刺，亦有陈拾遗一鳞半甲，故加待之。或曰：“此子羽翼孽臣，侵败王略，今尚其文，可欤？”勉曰：“汉策载蒯通说辞，皇史录祖君檄草，此大容细者。善恶必书，《春秋》至训；明言不废，孟子格谈。涣其庶乎！岂但存雕虫小技，亦以深惩贼子也。”时以为名言。杜甫有与赠答之诗，今悉传。

朱湾

湾字巨川，大历时隐君也，号“沧洲子”。率履贞素，潜辉不曜，逍遥云山琴酒之间，放浪形骸绳检之外，郡国交征，不应。工诗，格体幽远，兴用弘深，写意因词，穷理尽性。尤精咏物，必含比兴，多敏捷之奇。及李勉镇永平，嘉其风操，厚币邀来，署为府中从事，日相谈谯，分逾骨肉。久之，尝谒湖州崔使君，不得志，临发，以书别之曰：“湾闻蓬莱山藏杳冥间，行可到；贵人门无媒通，不可到。骊龙珠潜滉瀁之渊，或可识，贵人颜无因而前，不可识。自假道路，问津主人，一身孤云，两度圆月，载请执事，三趋戟门，信知庭之与堂不啻千里。况寄食漂母，夜眠渔舟，门如龙而难登，食如玉而难得。食如玉之粟，登如龙之门，实无机心，翻成机事，汉阴丈人闻之，岂不大笑！属溪上风便，囊中金贫，望甘棠而叹，自引分而退。湾白。”遂归会稽山阴别墅。其耿介类如此也。有集四卷，今传世。

张志和

志和字子同，婺州人。初名龟龄，诏改之。十六擢明经，尝以策干肃宗，特见赏重，命待诏翰林，以亲丧辞去，不复仕。居江湖，性迈不束，自称“烟波钓徒”。撰《玄真子》二卷，又为号焉。兄鹤龄恐其遁世，为筑室越州东郭，茅茨数椽，花竹掩映。尝豹席棕屩，沿溪垂钓，每不投饵，志不在鱼也。观察使陈少游频往候问。帝尝赐奴、婢各一人，志和配为夫妇，号渔童、樵青。与陆羽尝为颜平原食客。平原初来刺湖州，志和造谒，颜请以舟敝，欲为更之，曰："愿为浮家泛宅，往来苕、霅间足矣！"善画山水，酒酣或击鼓吹笛，舐笔辄就，曲尽天真。自撰《渔歌》，便复画之。兴趣高远，人不能及。宪宗闻之，诏写真求访，并其歌诗，不能致。后传一旦忽乘云鹤而去。李德裕称以为"渔父贤而名隐，鸱夷智而功高，未若玄真隐而名彰，方而无事，不穷而达，其严光之比欤"。

卷　四

卢纶

纶，字允言，河中人。避天宝乱，来客鄱阳。大历初，数举进士，不入第。元载素赏重，取其文进之，补阌乡尉，累迁检校户部郎中、监察御史，称疾去。浑瑊镇河中，就家礼起为元帅判官。初，舅韦渠牟得幸德宗，因表其才，召见禁中。帝有所作，辄赓和。至是帝忽问渠牟："卢纶、李益何在？"对曰："纶从浑瑊在河中。"诏令驿召之，会卒。

纶与吉中孚、韩翃、耿沣、钱起、司空曙、苗发、崔峒、夏侯审、李端，联藻文林，银黄相望，且同臭味，契分俱深，时号"大历十才子"。唐之文体，至此一变矣。纶所作特胜，不减盛时，如三河少年，风流自赏。文宗雅爱其诗，问宰相："纶没后，文章几何？亦有子否？"李德裕对曰："纶四子皆擢进士第，仕在台阁。"帝遣中使悉索其巾笥，得诗五百首，进之。有别业在终南山中。集十卷，今传。

吉中孚

中孚，楚州人，居鄱阳最久。初为道士，山阿寂寥，后还俗。李端赠诗云："旧山连药卖，孤鹤带云归。"卢纶送诗云："旧箓藏云穴，新诗满帝乡。"来长安，谒宰相，有荐于天子，日与王侯高会，名动京师。无几何，第进士，授万年尉，除校书郎；又登宏辞科，为翰林学士。历谏议大夫、户部侍郎、判度支事。贞元初卒。初拜官后，以亲垂白在堂，归养至孝，终丧复仕。中孚神骨清虚，吟咏高雅，若神仙中人也。集一卷，今传。

韩翃

翃字君平，南阳人。天宝十三载杨纮榜进士。侯希逸素重其才，至是表佐淄青幕府。罢，闲居十年，及李勉在宣武，复辟之。德宗时，制诰阙人，中书两进除目，御笔不点；再请之，批曰："与韩翃。"时有同姓名者为江淮刺史，宰相请孰与。上复批曰："'春城无处不飞花'韩翃也。"俄以驾部郎中知制诰，终中书舍人。翃工诗，兴致繁富，如芙蓉出水，一篇一咏，朝士珍之。比讽深于文房，筋节成于茂政，当时盛称焉。有诗集五卷，行于世。

耿湋

湋，河东人也。宝应二年洪源榜进士。与古之奇为莫逆之交。初为大理司法，充括图书使来江淮，穷山水之胜。仕终左拾遗。诗才俊爽，意思不群，似湋等辈，不可多得。诗集二卷，今传。

钱起

起字仲文，吴兴人。天宝十年李巨卿榜及第。少聪敏，承乡曲之誉。初从计吏，至京口客舍，月夜闲步，闻户外有行吟声，哦曰："曲终人不见，江上数峰青。"凡再三往来。起遽从之，无所见矣。尝怪之。及就试粉闱，诗题乃《湘灵鼓瑟》。起缀就，即以鬼谣十字为落句。主文李暐深嘉美，击节吟味久之，曰："是必有神助之耳。"遂擢置高第，释褐授校书郎。尝采箭竹，奉使入蜀。除考功郎中。大历中，为太清宫使、翰林学士。起诗体制新奇，理致清赡，芟宋、齐之浮游，削梁、陈之嫚靡，迥然独立也。王右丞许以高格，与郎士元齐名。士林语曰："前有沈、宋，后有钱、郎。"集十卷，今传。子徽能诗，外甥怀素善书，一门之中，艺名森出，可尚矣。

凡唐人燕集祖送，必探题分韵赋诗，于众中推一人擅场者。刘相巡察江淮，诗人满座，而起擅场。郭暧尚主盛会，李端擅场。缅怀盛时，往往文会，群贤毕集，觥筹乱飞，遇江山之佳丽，继欢好于畴昔，良辰美景，赏心乐事，于此能并矣。况宾无绝缨之嫌，主无投辖之困，歌阑舞作，微闻香泽，冗长之礼，豁略去之，王公不觉其大，韦布不觉其小，忘形尔汝，促席谈谐，吟咏继来，挥毫惊座，乐哉！古人有秉烛夜游，所谓非浅，同宴一室，无及于乱，岂不盛也！至若残杯冷炙，一献百拜，察喜怒于眉睫之间者，可以休矣！

司空曙

曙字文明，广平人也，磊落有奇才。韦皋节度剑南，辟致幕府，授洛阳主簿，未几，迁长林县丞；累官左拾遗，终水部郎中。与李约员外至交。性耿介，不干权要，家无甔石，晏如也。尝病中不给，遣其爱姬。亦尝流寓长沙，迁谪江右。多结契双林，暗伤流景。《寄暕上人》诗云："欲就东林寄一身，尚怜儿女未成人。柴门客去残阳在，药圃虫喧秋雨频。近水方同梅市隐，曝衣多笑阮家贫。深山兰若何时到？羡与闲云作四邻。”闲园即事，高兴可知，属调幽闲，终篇调畅，如新花笑日，不容熏染，铿锵美誉，不亦宜哉！有诗集二卷，今传。

苗发

发，潞洲人也，晋卿长子。初为乐平令，授兵部员外，迁驾部员外郎，仕终都官郎中。虽名齿才子，少见诗篇；当时名士，咸与赠答云。

崔峒

峒，博陵人，工文有声。初辟潞府功曹，后历左拾遗，终右补阙。词彩炳然，意思方雅，时人称其句为“披沙拣金，往往见宝”。诗集一卷，今行于世。

夏侯审

审，建中元年礼部侍郎令狐峘下试军谋越众科第一，释褐校书郎，又为参军，仕终侍御史。初于华山下多买田园为别墅，水木幽閟，云烟浩渺。晚岁退居其下，吟讽颇多。今稍零落，时见一二，皆锦制也。

李端

端，赵州人，嘉祐之侄也。少时居庐山，依皎然读书，意况清虚，酷慕禅侣。大历五年李抟榜进士及第，授秘书省校书郎。以清羸多病辞官，居终南山草堂寺。未几，起为杭州司马，牒诉敲扑，心甚厌之。买田园在虎丘下，为耽深癖，泉石少幽，移家来隐衡山，自号“衡岳幽人”。弹琴读《易》，登高望远，神意泊然。初无宦情，怀箕、颍之志，尝曰：“余少尚神仙，且未能去。友人畅当以禅门见导，余心知必是，未得其门。”诗更高雅，于才子中名响铮铮。与处士京兆柳中庸、大理评事江东张芬友善唱酬。初来长安，诗名大振，时郭令公子暧尚升平公主，贤明有才，延纳俊士，端等皆在馆中。暧尝进宫大宴，酒酣，主属端赋诗，顷刻而就，曰：“青春都尉最风流，二十功成便拜侯。金距斗鸡过上苑，玉鞭骑马出长楸。熏香荀令偏怜小，傅粉何郎不解愁。日暮吹箫杨柳陌，路人遥指凤凰楼。”主甚喜，一座赏叹。钱起曰：“此必端宿制，请以起姓为韵。”端立献一章曰：“方塘似镜草芊芊，初月如钩未上弦。新开金埒看调马，旧赐铜山许铸钱。杨柳入楼吹玉笛，芙蓉出水妒花钿。今朝都尉如相顾，愿脱长裾逐少年。”见者惊服。主厚赐金帛，终身以荣，其工捷类此。集三卷，今传于世。

窦叔向

叔向字遗直，扶风平陵人也。有卓绝之行，登第于大历初，远振佳名，为文物冠冕。诗法谨严，又非常格，名流才子，多仰飙尘。少与常衮同灯火，及衮相，引擢左拾遗、内供奉；及坐贬，亦出为溧水令，卒，赠工部尚书。五子：常、牟、群、庠、巩，俱能诗，咄咄有跨灶之誉，当时羡之。《艺文志》载《叔向集》七卷，今存诗甚寡，盖零落久矣。

康洽

洽，酒泉人，黄须美丈夫也。盛时携琴剑来长安谒当道，气度豪爽。工乐府诗篇，宫女梨园皆写于声律。玄宗亦知名，尝叹美之。所出入皆王侯贵主之宅，从游与谳，虽骏马苍头，如其己有。观服玩之光，令人归欲烧物，伶才乃能如是也。后遭天宝乱离，飘蓬江表。至大历间，年已七十余，龙钟衰老，谈及开元繁盛，流涕无从。往来两京故侯馆谷，空咸阳一布衣耳。于时文士愿与论交。李端逢之，赠诗云："声名常压鲍参军，班位不过扬执戟。"又云："同时献赋人皆尽，共壁题诗君独在。"后卒杜陵山中。文章不得见矣。

李益

益字君虞，陇西姑臧人。大历四年齐映榜进士。调郑县尉。同辈行稍进达，益久不升，郁郁去游燕、赵间，幽州节度刘济辟为从事，未几又佐邠、宁幕府。风流有辞藻，与宗人贺相埒。每一篇就，乐工赂求之，被于雅乐，供奉天子。如《征人》《早行》篇，天下皆施绘画。二十三受策秩，从军十年，运筹决胜，尤其所长。往往鞍马间为文，横槊赋诗，故多抑扬激厉悲离之作，高适、岑参之流也。宪宗雅闻其名，召为秘书少监、集贤殿学士。自负其才，凌轹士众，有不能堪。谏官因暴其诗"不上望京楼"等句，以为涉怨望，诏降职，俄复旧。除侍御史，迁礼部尚书致仕。太和初卒。益少有僻疾，多猜忌，防闲妻妾，过为苛酷，有散灰扃户之谈，时称为"妒痴尚书李十郎"。有同姓名者，为太子庶子，皆在朝，人恐莫辨，谓君虞为"文章李益"，庶子为"门户李益"云。有集，今传。

冷朝阳

朝阳，金陵人。大历四年齐映榜进士及第。不待调官，言归省觐，自状元以下一时名士大夫及诗人李嘉祐、李端、韩翃、钱起等大会赋诗攀饯。以一布衣，才名如此，人皆羡之。朝阳工诗，在大历诸才子法度稍弱，字韵清越不减也。有集传世。

章八元

八元，睦州桐庐人。少喜为诗，尝于邮亭偶题数语，盖激楚之音也。宗匠严维到驿见而异之，问八元曰："尔能从我授格乎？"曰："素所愿也。"少顷遂发，八元已辞亲矣。维大器之，亲为指谕，数岁间，诗赋精绝。大历六年王溆榜第三人进士。居京既久，床头金尽，归江南，访韦苏州，待赠甚厚。复来都应制科，贞元中，调句容主簿，况薄辞归。时有清江上人善诗，与八元为兄弟之好。初，长安慈恩寺浮图前后名流诗版甚多，八元亦题，有云："却怪鸟飞平地上，自惊人语半天中。"后元微之、白乐天至塔下遍览，因悉除去，惟存八元版在，吟咏久之，曰："名下无虚士也。"其警策称是。有诗集传于世，一卷。

畅当

当，河东人。大历七年张式榜及第。当少谙武事，生乱离间，盘马弯弓，抟沙写阵，人曾伏之。时山东有寇，以子弟被召参军。贞元初，为太常博士。仕终果州刺史。与李司马、司空郎中有胶漆之契。多往来嵩、华间，结念方外，颇参禅道，故多松桂之兴，深存不死之志。词名藉甚，表表凌云。有诗二卷，传于世。同时有郑常，亦鸣诗。集一卷，今行。

尝观建安初，陈琳、阮瑀数子从戎，管书记之任，所得经奇，英气逼人也。承平则文墨议论，警急则橐鞬矢石，金羁角逐，珠符相照，草檄于盾鼻，勒铭于山头，此磊磊落落通方之士，皆古书生也。容有郁志窗下，抱膝呻吟，而曰“时不我与，人不我知”邪！大道无窒，徒自为老夫耳。唐间如此特达甚多，光烈垂远，慨然不能不以之兴怀也。

王季友

季友，河南人也。诵书万卷，论必引经。家贫卖屐，好事者多携酒就之。其妻柳氏疾季友穷丑，遣去。来客酆城，洪州刺史李公一见倾敬，即引佐幕府。工诗，性磊落不羁，爱奇务险，远出常性之外。白首短褐，崎岖士林，伤哉贫也！尝有诗云：“山中谁余密，白发日相亲。雀鼠昼夜无，知我厨廪贫。”又：“自耕自刈食为天，如鹿如麋饮野泉。亦知世上公卿贵，且养丘中草木年。”观其笃志山水，可谓远性风疏，逸情云上矣。有集传于世。

张谓

谓字正言，河内人也。少读书嵩山，清才拔萃，泛览流观，不屈于权势，自矜奇骨，必谈笑封侯。二十四受辟，从戎营、朔，十载亭障间，稍立功勋。以将军得罪，流滞蓟门，有以非辜雪之者。累官为礼部侍郎。无几何，出为潭州刺史。性嗜酒，简淡，乐意湖山。工诗，格度严密，语致精深，多击节之音。今有集传于世。

于鹄

鹄，初买山于汉阳高隐，三十犹未成名。大历中，尝应荐，历诸府从事。出塞入塞，驰逐风沙，有诗甚工。长短间作，时出度外，纵横放逸，而不陷于疏远，且多警策云。集一卷，今传。

王建

建字仲初，颍川人。大历十年丁泽榜第二人及第，释褐授渭南尉，调昭应县丞，诸司历荐，迁太府寺丞、秘书丞、侍御史。大和中，出为陕州司马。从军塞上，弓剑不离身；数年后归，卜居咸阳原上。初游韩吏部门墙，为忘年之友。与张籍契厚，唱答尤多。工为乐府歌行，格幽思远；二公之体，同变时流。建性耽酒，放浪无拘。宫词特妙前古。建初与枢密使王守澄有宗人之分，守澄以弟呼之，谈间故多知禁掖事，作宫词百篇。后因过燕饮，以相讥谑，守澄深衔之，忽曰："吾弟所作宫词，内庭深邃，何由知之？明当奏上。"建作诗以谢，末句云："不是姓同亲向说，九重争得外人知？"守澄恐累己，事遂寝。建才赡，有作皆工。盖尝跋涉畏途，甘分穷苦。其《自伤》诗云："衰门海内几多人，满眼公卿总不亲。四授官资元七品，再经婚娶尚单身。图书亦为频移尽，兄弟还因数散贫。独自在家常似客，黄昏哭向野田春。"又于征戍迁谪，行旅离别、幽居官况之作，俱能感动神思，道人所不能道也。集十卷，今传于世。

韦应物

应物，京兆人也。尚侠，初以三卫郎事玄宗，及崩，始悔，折节读书。为性高洁，鲜食寡欲，所居必焚香扫地而坐，冥心象外。天宝时，扈从游幸。永泰中，任洛阳丞，迁京兆府功曹。大历十四年，自鄠县令制除栎阳令，以疾辞归，寓善福寺精舍。建中二年，由前资除比部员外郎，出为滁州刺史；居倾之，改江州刺史，追赴阙，改左司郎中。或媢其进，媒孽之，贞元初，又出为苏州刺史。太和中，以太仆少卿兼御史中丞，为诸道盐铁转运、江淮留后。罢居永定，斋心屏除人事。初公豪纵不羁，晚岁逢杨开府，赠诗言事曰："少事武皇帝，无赖恃恩私。身作里中横，家藏亡命儿。朝持樗蒲局，暮窃东邻姬。司隶不敢捕，立在白玉墀。骊山风雪夜，长杨羽猎时。一字都不识，饮酒肆顽痴。武皇升仙去，憔悴被人欺。读书事已晚，把笔学题诗。两府始收迹，南宫谬见推。非才果不容，出守抚嫈嫠。忽逢杨开府，论旧涕俱垂。坐客何由识，唯有故人知。"足见古人真率之妙也。论曰：诗律自沈、宋之下，日益靡嫚，锼章刻句，揣合浮切，音韵婉谐，属对藻密，而闲雅平淡之气不存矣。独应物驰骤建安以还，各有风韵，自成一家之体，清深雅丽，虽诗人之盛，亦罕其伦，甚为时论所右。而风情不能自已，如《赠米嘉荣》《杜韦娘》等作，皆杯酒之间，见少年故态，无足怪矣。有集十卷，今传于世。

皎然上人

皎然字清昼，吴兴人，俗姓谢，宋灵运之十世孙也。初入道，肄业杼山，与灵彻、陆羽同居妙喜寺。羽于寺旁创亭，以癸丑岁、癸卯朔、癸亥日落成，湖州刺史颜真卿名以“三癸”，皎然赋诗，时称三绝。真卿尝于郡斋集文士撰《韵海镜源》，预其论著，至是声价藉甚。贞元中，集贤御书院取高僧集上人文十卷藏之，刺史于頔为之序。李端在匡岳，依止称门生；一时名公俱相友善，题云“昼上人”是也。时韦应物以古淡矫俗，公尝拟其格得数解为贽。韦心疑之。明日又录旧制以见，始被领略，曰：“人各有长，盖自天分，子而为我，失故步矣！但以所诣自名可也。”公心服之。往时住西林寺，定余多暇，因撰序作诗体式，兼评古今人诗，为《昼公诗式》五卷，及撰《诗评》三卷，皆议论精当，取舍从公，整顿狂澜，出色《骚》《雅》。公性放逸，不缚于常律。初，房太尉琯早岁隐终南峻壁之下，往往闻湫中龙吟，声清而静，涤人邪想。时有僧潜戛三金以写之，惟铜酷似。房公往来，他日至山寺，闻林岭间有声，因命僧出其器，叹曰：“此真龙吟也！”大历间，有秦僧传至桐江，皎然戛铜碗效之，以警深寂。缁人有献讥者，公曰：“此达僧之事，可以嬉禅。尔曹胡凝滞于物，而以琐行自拘耶？”时人高之。公外学超然，诗兴闲适，居第一流、第二流不过也。诗集十卷。

武元衡

元衡字伯苍，河南人。建中四年薛展榜进士。元和三年，以门下侍郎平章事出为剑南节度使，后秉政，明年早朝，遇盗从暗中射杀之。元衡工诗，虽时见雕镌，不动机构，要非高斫之所深忌。每好事者传之，被于丝竹。尝夏夜作诗曰："夜久喧暂息，池台惟月明。无因驻清景，日出事还生。"翌日遇害，诗盖其谶也。议者谓工诗而宦达者惟高适，达宦而诗工者唯元衡。今有《临淮集》十卷传于世。

窦常

常字中行，叔向之子也，京兆人。大历十四年王储榜及第。初历从事，累官水部员外郎，连除阆、夔、江、抚四州刺史，后入为国子祭酒而终。

常兄弟五人，联芳比藻，词价蔼然，法度风流，相距不远。且俱陈力王事，膺宠清流，岂怀玉迷津，区区之比哉！后人集所著诗通一百首为五卷，名《窦氏联珠集》，谓若五星然。常集十八卷，及撰韩翃至皎然三十人诗合三百五十篇为《南薰集》，各系以赞，为三卷，今并传。

窦牟

牟字贻周，贞元二年张正甫榜进士。初学问于江东，家居孝谨，善事继母，奇文异行，闻于京师。舅给事中袁高，当时专重名，甄拔甚多，而牟未尝干谒，竟捷文场。始佐六府五公，八迁至检校虞部。元和五年，拜尚书虞部郎中，转洛阳令、都官郎中，出为泽州刺史。仕终国子司业。牟晚从昭义卢从史，从史寝骄，牟度不可谏，即移疾归，居东都别业。长庆二年卒。昌黎韩先生为之墓志云。

窦群

群字丹列，初隐毗陵，称处士。性至孝，定省无少怠。及母卒，哀踊不已，啮一指置棺中，结庐墓次。终丧，苏州刺史韦夏卿荐之，举孝廉，德宗擢为左拾遗。宪宗立，转吏部郎中，出为唐州刺史。节度使于頔奇之，表以自副。武元衡辅政，荐为御史中丞。群引吕温、羊士谔为御史，宰相李吉甫不可，群等怨，遂捃摭吉甫阴事告之。帝面覆多诳，大怒，欲杀群等，吉甫又为力救得解，出为黔南观察使，迁容管经略使，卒官所。家无余财，惟图书万轴耳。

窦庠

庠字胄卿，尝应辟三佐大府，调奉先令，迁东都留守判官，拜户部员外郎。贞元中，出为婺、登二州刺史。平生工文甚苦，著述亦多，今并传之。

窦巩

巩字友封，状貌瑰伟，少博览，无不通。性宏放，好谈古今。所居多长者车辙。时诸兄已达，巩尚来场屋间，颇抑初志，作《放鱼》诗云："黄金赎得免刀痕，闻道禽鱼亦感恩。好去长江千万里，不须辛苦上龙门。"人知其述怀也。元和二年，王源中榜进士。佐缁青幕府，累迁秘书少监，拜御史中丞，仕终武昌观察副使。巩平居与人言不出口，时号为"嗫嚅翁"云。

刘言史

言史，赵州人也。少尚气节，不举进士。工诗，美丽恢赡，世少其伦。与李贺、孟郊同时为友。冀镇节度使王武俊颇好词艺，言史造之，特加敬异。武俊尝猎，有双鸭起蒲稗间，一矢联之，遂于马上草《射鸭歌》以献，因表荐请官，诏授枣强令，辞疾不就，当时重之。故相国陇西公李夷简为汉南节度，与言史少同游习，因遣以襄阳髹器千事，赂武俊请之，由是为汉南幕宾，日与谈谯，歌诗唱答，大播清才。问言史所欲为，曰："司功掾甚闲，或可承阙。"遂署。虽居官曹，敬待埒诸从事。岁余，奏升秩，诏下之日，不恙而终。公初以言史相簿，不欲贵，以惜其寿，至是恸哭之曰："果然微禄杀吾爱客也！"厚葬于襄城。皮日休称其赋"雕金篆玉，牢奇笼怪，百锻为字，千炼成句"，真佳作也。有歌诗六卷，今传。

刘商

商字子夏，徐州彭城人。擢进士第。贞元中，累官比部员外郎，改虞部员外郎。数年，迁检校兵部郎中。后出为汴州观察判官，辞疾挂印归旧业。商性好酒，苦家贫，尝对花临月，悠然独酌，亢音长谣，放适自遂。赋诗曰："春草秋风老此身，一瓢长醉任家贫。醒来还爱浮萍草，飘寄官河不属人。"乐府歌诗，高雅殊绝。拟蔡琰胡笳曲，脍炙当时。仍工画山水树石，初师吴郡张璪，后自造真。张贬衡州司马，有惆怅之诗。好神仙，炼金骨，后隐义兴胡父渚，结侣幽人，世传冲虚而去，可谓江海冥灭，山林长往者矣！有集十卷今传，武元衡序之云。

卷 五

卢仝

仝，范阳人。初隐少室山，号玉川子。家甚贫，惟图书堆积。后卜居洛城，破屋数间而已。一奴长须不裹头，一婢赤脚老无齿。终日苦哦，邻僧送米。朝廷知其清介之节，凡两备礼征为谏议大夫，不起。时韩愈为河南令，爱其操，敬待之。尝为恶少所恐，诉于愈，方为申理，仝复虑盗憎主人，愿罢之，愈益服其度量。元和间月蚀，仝赋诗意讥切当时逆党，愈极称工，余人稍恨之。时王涯秉政，胥怨于人；及祸起，仝偶与诸客会食涯书馆中，因留宿，吏卒掩捕，仝曰："我庐山人也，于众无怨，何罪之有！"吏曰："既云山人，来宰相宅！容非罪乎？"仓忙不能自理，竟同甘露之祸。仝老无发，奄人于脑后加钉。先是生子名"添丁"，人以为谶云。仝性高古介僻，所见不凡近，唐诗体无遗，而仝之所作特异，自成一家。语尚奇谲，读者难解，识者易知，后来仿效比拟，遂为一格宗师。有集一卷，今传。

古诗云："枯鱼过河泣，何时悔复及。作书与鲂鱮，相戒慎出入。"斯所以防前之覆辙也。仝志怀霜雪，操拟松柏，深造括囊之高，夫何户庭之失。噫，一蹈非地，旋踵逮殃，玉石俱烂，可不痛哉！

马异

异，睦州人也。兴元元年礼部侍郎鲍防下进士第二人。少与皇甫湜同砚席。赋性高疏，词调怪涩，虽风骨棱棱，不免枯瘠。卢仝闻之，颇合己志，愿与结交，遂立同异之论，以诗赠答，有云："昨日仝不同，异自异，是谓大同而小异；今日仝自同，异不异，是谓同不往而异不至。"斯亦怪之甚也。后不知所终。集今传世。

刘叉

叉，河朔间人，一节士也。少尚义行侠，旁观切齿，因被酒杀人亡命，会赦乃出，更改志从学，能博览，工为歌诗，酷好卢仝、孟郊之体，造语幽蹇，议论多出于正，《冰柱》《雪车》二篇，含畜风刺，出二公之右矣。时樊宗师文亦尚怪，见而独拜之。恃故时所负，自顾俯仰不能与世合，常破履穿结，筑环堵而居休焉。闻韩吏部接天下贫士，步而归之，出入门馆无间。时韩碑铭独唱，润笔之资盈缶，因持案上金数斤而去，曰："此谀墓中人所得耳，不若与刘君为寿。"韩不能止。其旷达至此。初玉川子履道守正，反关著述，《春秋》之学，尤所精心，时人不得见其书，惟叉惬愿，曾授之以奥旨，后无所传。叉刚直能面白人短长，其服义则又弥缝若亲属然。后以争语不能下宾客，游齐鲁，不知所终。诗二十七篇今传。

李贺

贺字长吉，郑王之孙也。七岁能辞章，名动京邑。韩愈、皇甫湜览其作，奇之而未信，曰：“若是古人，吾曹或不知，是今人，岂有不识之理？”遂相过其家，使赋诗。贺总角荷衣而出，欣然承命，旁若无人，援笔题曰《高轩过》。二公大惊，以所乘马命联镳而还，亲为束发。贺父名晋肃，不得举进士，公为著《辩讳》一篇。后官至太常寺奉礼郎。贺为人纤瘦，通眉，长指爪，能疾书。旦日出，骑弱马，从平头小奴子，背古锦囊，遇有所得，书置囊里。凡诗不先命题，及暮归，太夫人使婢探囊中，见书多，即怒曰：“是儿要呕出心乃已耳！”上灯与食，即从婢取书，研墨叠纸足成之。非大醉吊丧，率如此。贺诗稍尚奇诡，组织花草，片片成文，所得皆惊迈，绝去翰墨畦径，时无能效者。乐府诸诗，云韶众工，谐于律吕。尝叹曰：“我年二十不得意，一生愁心，谢如梧叶矣。”忽疾笃，恍惚昼见人绯衣驾赤虬腾下，持一板书，若太古雷文，曰：“上帝新作白玉楼成，立召君作记也。”贺叩头辞，谓母老病。其人曰：“天上比人间差乐，不苦也。”居倾之，窗中勃勃烟气，闻车声甚速，遂绝。死时才二十七，莫不怜之。李藩缀集其歌诗，因托贺表兄访所遗失，并加点窜，付以成本。弥年绝迹。及诘之曰：“每恨其傲忽，其文已焚之矣。”今存十之四五。杜牧为序者五卷，今传。

老子曰：“其进锐者其退速。”信然。贺天才俊拔，弱冠而有极名，天夺之速，岂吝也耶？若少假行年，涵养盛德，观其才不在古人下矣。今兹惜哉！

李涉

涉，洛阳人，渤之仲兄也。自号“清溪子”。早岁客梁园，数逢乱兵，避也南来，乐佳山水，卜隐匡庐香炉峰下石洞间。

尝养一白鹿甚驯狎，因名所居“白鹿洞”。与弟渤、崔膺昆季茅舍相接。后徙居终南。偶从陈、许辟命，从事行军，未几以罪谪夷陵宰，十年蹭蹬峡中，病疟成痼，自伤羁逐，头颅又复如许。后遇赦得还，赋诗云：“荷蓑不是人间事，归去沧江有钓舟。”遂放船重来访吴楚旧游，登天台石桥，望海得风水之便，挂席浮潇湘，岳阳逢张祜话故，因盘桓归洛下，营草堂，隐少室，身自耕耘，妾能织纴，子供渔樵，拓落生计，伶俜酒乡，罕交人事。大和中，宰相累荐，征起为太学博士，致仕卒。妻亦入道。涉工为诗，词意卓荦，不群世俗，长篇叙事，如行云流水，无可牵制，才名一时钦动。初尝过九江皖口，遇夜客方跧伏，问何人，曰：“李山人。”豪首曰：“若是？勿用剽夺，久闻诗名，愿题一篇足矣。”涉欣然书曰：“暮雨潇潇江上村，绿林豪客夜知闻。他时不用藏名姓，世上如今半是君。”盗大喜，因以牛酒厚遗，再拜送之。

夫以跖、跻之辈，犹曰怜才，而至宝横道，君子不顾，忍哉！诗集一卷今传。

朱昼

昼，广陵人。贞元间，慕孟郊之名，为诗格范相似，曾不远千里而访之，不厌勤苦。体尚奇涩。与李涉友善，相酬唱。昼《古镜》诗云：“我有古时镜，初自坏陵得。蛟龙犹泥蟠，魑魅幸月蚀。磨久见菱蕊，青于蓝水色。赠君将照心，无使心受惑。”凡如此警策稍多，今传于世。

贾岛

岛字阆仙，范阳人也。初连败文场，囊箧空甚，遂为浮屠，名无本。来东都，旋往京居青龙寺。时禁僧午后不得出，为诗自伤。元和中，元、白变尚轻浅，岛独按格入僻，以矫浮艳。当冥搜之际，前有王公贵人皆不觉，游心万仞，虑入无穷。自称碣石山人。尝叹曰："知余素心者，惟终南紫阁、白阁诸峰隐者耳。"嵩丘有草庐，欲归未得，逗留长安，虽行坐寝食，苦吟不辍。尝跨蹇驴张盖，横截天衢，时秋风正厉，黄叶可扫，遂吟曰："落叶满长安。"方思属联，杳不可得，忽以"秋风吹渭水"为对，喜不自胜。因唐突大京兆刘栖楚，被系一夕，旦释之。后复乘闲策蹇访李凝幽居，得句云："鸟宿池中树，僧推月下门。"又欲作"僧敲"，炼之未定，吟哦引手作推敲之势，傍观亦讶。时韩退之尹京兆，车骑方出，不觉冲至第三节，左右拥到马前，岛具实对："未定推敲，神游象外，不知回避。"韩驻久之曰："敲字佳。"遂并辔归，共论诗道，结为布衣交，遂授以文法，去浮屠，举进士。愈赠诗云："孟郊死葬北邙山，日月风云顿觉闲。天恐文章浑断绝，再生贾岛在人间。"自此名著。时新及第，寓居法乾无可精舍，姚合、王建、张籍、雍陶，皆琴樽之好。一日，宣宗微行至寺，闻钟楼上有吟声，遂登，于岛案上取卷览之。岛不识，因作色攘臂，睨而夺取之曰："郎君鲜醲自足，何会此耶？"帝下楼去。既而觉之，大恐，伏阙待罪。上讶之。他日，有中旨令与一清官谪去者，乃授遂州长江主簿。后稍迁普州司仓。临死之日，家无一钱，惟病驴古琴而已。当时谁不爱其才，而惜其命薄。岛貌清意雅，谈玄抱佛，所交悉尘外之人。况味萧条，生计峭峿。自题曰："二句三年得，一吟双泪流。知音如不赏，归卧故山秋。"每至除夕，必取一岁所作置几上，焚香再拜，酹酒祝曰："此吾终年苦心也！"痛饮长谣而罢。今集十卷并《诗格》一卷，传于世。

庄南杰

南杰，与贾岛同时，曾从受学，工乐府杂歌。诗体似长吉，气虽壮遒，语过镌凿，盖其天资本劣，未免按抑，不出自然。亦一好奇尚僻之士耳。集二卷今行。

张碧

碧字太碧，贞元间举进士，累不第，便觉三山跬步，云汉咫尺。初，慕李翰林之高躅，一杯一咏，必见清风，故其名字皆亦逼似，如司马长卿希蔺相如为人也。天才卓绝，气韵不凡，委兴山水，投闲吟酌，言多野意，俱状难摹之景焉。有歌行集二卷传世。子瀛。

朱放

放字长通，南阳人也。初居临汉水，遭岁馑南来，卜隐剡溪、镜湖间，排青紫之念，结庐云卧，钓水樵山。尝著白䍠䍦，鹿裘笋屦，盘桓酒家。时江、浙名士如林，风流儒雅，俱从高义，如皇甫兄弟，皎、彻上人，皆山人良友也。大历中，嗣曹王皋镇江西，辟为节度参谋，有《别同志》曰："潺湲寒溪上，自此成离别。回首望归人，移舟逢暮雪。频行识草树，渐老伤年发。唯有白云心，为向东山月。”未几不乐鞅掌，扁舟告还。贞元二年，诏举韬晦奇才，诏下聘礼，拜左拾遗，不就，表谢之。忘怀得失，以此自终。放工诗，风度清越，神情萧散，非寻常之比。集二卷今行于世。

羊士谔

士谔，贞元元年礼部侍郎鲍防下进士。顺宗时，累至宣歙巡官。王叔文所恶，贬汀州宁化尉。元和初，宰相李吉甫知奖，擢为监察御史，掌制诰。后以与窦群、吕温等诬论宰执，出为资州刺史。士谔工诗，造妙梁选，作皆典重。早岁尝游女几山，有卜筑之志，勋名相迫，不遂初心。有诗集行于世。

姚系

系，河中人。贞元元年进士，与韦应物同时。有诗名，工古调，善弹琴，好游名山，希踪谢、郭。终身不言禄，禄亦不及之也。与林栖谷隐之士往还酬酢，兴趣超然。弟伦，诗亦清丽，有集并传。

麹信陵

信陵，贞元元年郑全济榜及第，仕为舒州望江县令，卒。工诗，有集一卷今传。

张登

登，初隐居，性刚洁，幅巾短褐交友名公。后就辟，历卫府参谋，迁廷尉平。久之，拜监察御史。贞元中，改河南士曹掾，迁殿中侍御史、漳州刺史，退居告老。尝晚春乘轻车出南薰门，抵暮，诣宜春门入关吏捧牌请书官位，登醉题曰："闲游灵沼送春回，关吏何须苦见猜。八十老翁无品秩，三曾身到凤池来。"其狷迂如此。数年坐公累被劾，吏议捃摭不堪，感疾而卒。有集六卷，权德舆为序云。

令狐楚

楚字壳士，敦煌人也。五岁能文章。贞元七年尹枢榜进士及第。时李说、严绶、郑儋继领太原，高其才行，引在幕府，由掌书记至判官。德宗喜文，每省太原奏疏，必能辨楚所为，数称美之。宪宗时，累擢知制诰。皇甫镈荐为翰林学士，迁中书舍人，拜中书侍郎同平章事。楚工诗，当时与白居易、元稹、刘禹锡唱和甚多。有《漆奁集》一百三十卷行于世。自称曰"白云孺子"。

杨巨源

巨源字景山，蒲中人。贞元五年刘太真下第二人及第。初为张弘靖从事，拜虞部员外郎，后迁太常博士，国子祭酒。太和中，为河中少尹，入拜礼部郎中。巨源才雄学富，用意声律，细捲得无穷之源，缓隽有愈永之味。长篇刻琢，绝句清泠，盖得于此而失于彼者矣。有诗一卷行于世。

马逢

逢，关中人。贞元五年卢顼榜进士。佐镇戎幕府。尝从军出塞，得诗名，篇篇警策。有集今传。

王涯

涯字广津，贞元八年贾棱榜及第。博学工文，尤多雅思。梁肃异其才，荐于陆贽，又举宏辞。宪宗时，知制诰、翰林学士；俄拜中书侍郎平章事。长庆中，节度剑南，召为御史大夫，迁户部尚书，监盐铁使；进仆射。涯榷盐苛急，百姓怨之。及甘露祸起就诛，悉诟骂，投以瓦砾，须臾成堆。性啬，不蓄妓妾，家财累巨万，尝布衣蔬食。酷好前古名书名画，充积左右。有不可得，必百计倾陷以取之。及家破，往来人得卷轴，皆剔取奁轴金玉牙锦，余弃道途，车马践踏，悉损污矣。惜哉！善为诗，风韵遒然，殊超意表。集十卷今传。

《否》《泰》递复，盈虚消息，乃理之常。夫物盛者衰之渐也，散者积之极也，有能终满而不覆者乎？况图书人变化之际，神物所深忌者焉。前修耽玩成癖，往往杀身，犹非剽剥而至也。王涯掊克聚敛，以邀穹爵，逼孤凌弱，以积珍奇，知己之利，忘人之害，至于天夺其魄，鬼瞰其家，一旦飘零，殊可长叹！孟子曰："盆成括死矣。"传曰："货悖而入者，亦悖而出。"不亦宜哉！用备列之庶来者之少戒云。

韩愈

愈字退之，南阳人。早孤，依嫂读书，日记数千言，通百家。贞元八年擢第。凡三诣光范上书，始得调。董晋表署宣武节度推官。汴军乱，去依张建封，辟府推官。迁监察御史。上疏论宫市，德宗怒，贬阳山令，有善政，改江陵法曹参军。元和中，为国子博士，河南令。愈以才高难容，累下迁，乃作《进学解》以自谕。执政奇其才，转考功，知制诰，进中书舍人。裴度宣慰淮西，奏为行军司马。贼平，迁刑部侍郎。宪宗遣使迎佛骨入禁中，因上表极谏，帝大怒，欲杀，裴度、崔群力救，乃贬潮州刺史。任后上表，陈情哀切，诏量移袁州刺史。召拜国子祭酒，转兵部侍郎、京兆尹兼御史大夫。长庆四年卒。公英伟间生，才名冠世，继道德之统，明列圣之心，独济狂澜，词彩灿烂，齐、梁绮艳，毫发都捐，有冠冕珮玉之气，宫商金石之音，为一代文宗，使颓纲复振，岂易言也哉，固无辞足以赞述云。至若歌诗累百篇，而驱驾气势，若掀雷走电，撑决于天地之垠，词锋学浪，先有定价也。时功曹张署亦工诗，与公同为御史，又同迁谪，唱答见于集中。有诗赋杂文等四十卷，今行于世。

柳宗元

宗元字子厚，河东人。贞元九年苑论榜第进士，又试博学宏辞，授校书郎，调蓝田县尉，累迁监察御史里行。与王叔文、韦执谊善，二人引之谋事，擢礼部员外郎。欲大用，值叔文败，贬邵州刺史，半道有诏贬永州司马。遍贻朝士书言情，众忌其才，无为用心者。元和十年，徙柳州刺史。时刘禹锡同谪，得播州，宗元以播非人所居，且禹锡母老，具奏以柳州让禹锡，而自往播，会大臣亦有为请者，遂改连州。宗元在柳多惠政，及卒，百姓追慕，立祠享祀，血食至今。公天才绝伦，文章卓伟，一时辈行，咸推仰之。工诗，语意深切，发纤秾于简古，寄至味于淡泊，非余子所及也。司空图论之曰："梅止于酸，盐止于咸，饮食不可无，而其美常在酸咸之外，可以一唱而三叹也。子厚诗在陶渊明下，韦应物上。退之豪放奇险则过之，而温厉靖深不及也。"今诗赋杂文等三十卷传于世。

陈羽

羽，江东人。贞元八年礼部侍郎陆贽下第二人登科，与韩愈、王涯等共为龙虎榜。后仕历东宫卫佐。羽工吟，与灵一上人交游唱答。写难状之景，了了目前；含不尽之意，皎皎言外。如《自遣》诗云："稚子新能编笋笠，山妻旧解补荷衣。秋山隔岸清猿叫，湖水当门白鸟飞。"此景何处无之？前后谁能道者？二十八字一片画图，非造次之谓也。警句甚多，有集传于世。

刘禹锡

禹锡字梦得，中山人。贞元九年进士，又中博学宏词科。工文章。时王叔文得幸，禹锡与之交，尝称其有宰相器。朝廷大议多引禹锡及柳宗元与议禁中。判度支盐铁案，凭借其势，多中伤人。御史窦群劾云："挟邪乱政。"即日罢。宪宗立，叔文败，斥朗州司马。州接夜郎，俗信巫鬼，每祀，歌《竹枝》，鼓吹俄延，其声伧伫。禹锡谓屈原居沅、湘间，作《九歌》，使楚人以迎送神，乃倚声作《竹枝辞》十篇，武陵人悉歌之。始，坐叔文贬者，虽赦不原，宰相哀其才且困，将澡濯用之，乃诏悉补远州刺史，谏官奏罢之。时久落魄，郁郁不自抑，其吐辞多讽托远意，感权臣而憾不释。久之召还，欲任南省郎，而作《玄都观看花君子》诗，语讥忿，当路不喜，又谪守播州。中丞裴度言："播，猿狖所宅，且其母年八十余，与子死决，恐伤陛下孝治，请稍内迁。"乃易连州。又徙夔州。后由和州刺史入为主客郎中。至京后，游玄都咏诗，且言"始谪十年还辇下，道士种桃，其盛若霞；又十四年而来，无复一存，唯兔葵燕麦，动摇春风耶。"权近闻者益薄其行。裴度荐为翰林学士，俄分司东都，迁太子宾客。会昌时加检校礼部尚书，卒。公恃才而放，心不能平，行年益晏，偃蹇寡合，乃以文章自适。善诗，精绝，与白居易酬唱颇多，尝推为"诗豪"，曰："刘君诗在处有神物护持。"有集四十卷，今传。

孟郊

郊字东野，洛阳人。初隐嵩山，称处士。性介，少谐合。韩愈一见，为忘形交，与唱和于诗酒间。贞元十二年李程榜进士，时年五十矣。调溧阳尉。县有投金濑、平陵城，林薄蓊翳，下有积水。郊间往坐水傍，命酒挥琴，徘徊赋诗终日，而曹务多废。县令白府，以假尉代之，分其半俸。辞官家居。李翱分司洛中，日与谈讌，荐于兴元节度使郑余庆，遂奏为参谋，试大理评事。卒，余庆给钱数万营葬，仍赡其妻子者累年。张藉谥为贞曜先生，门人远赴心丧。郊拙于生事，一贫彻骨，裘褐悬结，未尝俯眉为可怜之色。然好义者更遗之。工诗，大有理致，韩吏部极称之。多伤不遇，年迈家空，思苦奇涩，读之每令人不欢，如“借车载家具，家具少于车”，如《谢炭》云“吹霞弄日光不定，暖得曲身成直身”，如“愁人独有夜烛见，一纸乡书泪滴穿”，如《下第》云“弃置复弃置，情如刀剑伤”之类，皆哀怨清切，穷人冥搜。其初登第，吟曰：“昔日龌龊不足嗟，今朝旷荡恩无涯。春风得意马蹄疾，一日看尽长安花。”当时议者亦见其气度窘促，卒漂沦薄宦，诗谶信有之矣。天实为之，谓之何哉！李观论其诗曰“高处在古无上，平处下顾二谢”云。时陆长源工诗，相与来往，篇什稍多，亦佳作也。有《咸池集》十卷行于世。

戴叔伦

叔伦字幼公，润州金坛人。师事萧颖士为门生。赋性温雅，善举止，能清谈，无贤不肖，相接尽心。工诗。贞元十六年陈权榜进士。尝在租庸幕下数年，夕惕匪怠。吏部尚书刘公与祠部员外郎张继书，博访选材，日揖宾客，叔伦投刺，一见称心，遂就荐。累迁抚州刺史，政拟龚、黄，民乐其治，囹圄寂然，鞫为茂草。诏书褒美，封谯县男，加金紫。后迁容管经略使，威名益振，治亦清明，仁恕多方，所至称最。德宗赋《中和节诗》，遣使者宠赐，世以为荣。还，上表请为道士，未几卒。叔伦初以淮、汴寇乱，鱼肉江上，携亲族避地来鄱阳，肄业勤苦，志乐清虚，闭门却扫，与处士张众甫、朱放素厚，范、张之期，曾不虚月。诗兴悠远，每作惊人。有《述稿》十卷，今传于世。

张仲素

仲素字绘之，贞元十四年李随榜进士，与李翱、吕温同年。以中朝无援，不调，潜曜久之。复中博学宏辞，始任武康军从事。贞元二十年，迁司动员外郎，除翰林学士。时宪宗求卢纶诗文遗草，敕仲素编集进之。后拜中书舍人。仲素能属文，法度严确。魏文帝有云："文以意为主，以气为辅，以词为卫。"此言得之矣。其每词未达而意先备也。善诗，多警句，尤精乐府，往往和在宫商，古人有未能虑及者。集一卷及《赋枢》三卷今传。

吕温

温字和叔，河中人，初从陆贽治《春秋》，梁肃为文章。贞元十四年李随榜及第，中宏辞。与王叔文厚善，骤迁左拾遗，除佳御史。使吐蕃，留不得遣弥年。温在绝域，常自悲惋。元和元年还，进户部员外郎。与窦群、羊士谔相爱。群为中丞，荐温为御史，宰相李吉甫持久不报。会吉甫病，夜召术士，群等因奏之，事见群传。上怒贬均州，再贬道州刺史，诏徙衡州，卒官所。温藻翰精赡，一时流辈咸推尚。性险躁谲怪而好利。今有集十卷行于世。

张籍

籍字文昌，和州乌江人也。贞元十五年封孟绅榜及第，授秘书郎，历太祝，除水部员外郎。初至长安，谒韩愈，一会如平生欢，才名相许，论心结契。愈力荐为国子博士。然性狷直，多所责讽于愈，愈亦不忌之。时朝野名士皆与游，如王建、贾岛、于鹄、孟郊诸公集中，多所赠答，情爱深厚。皆别家千里，游宦四方，瘦马羸童，青衫乌帽，故每邂逅于风尘，必多殷勤之思，衔杯命素，又况于同志者乎！声调相似，况味颇同。公于乐府古风，与王司马自成机轴，绝世独立。自李、杜之后，风雅道丧，至元和中叶，元、白歌诗为海内宗匠，谓之"元和体"，病格稍振，无愧洪河砥柱也。乐天赠诗曰："张公何为者？业文三十春。尤工乐府词，举代少其伦。"仕终国子司业。有集七卷传于世。

雍裕之

裕之，蜀人，有诗名。贞元后，数举进士，不第，飘零四方。为乐府，极有情致。集一卷今传。

权德舆

德舆字载之，秦州人。未冠，以文章称诸儒间。韩洄黜陟河南，辟置幕府。复从江西观察使李兼府为判官。德宗闻其材，召为太常博士，改左补阙。中间累上书直言，迁起居舍人。贞元十五年，知制诰，进中书舍人。宪宗初，历兵部侍郎、太子宾客。以陈说谋略多中，元和五年，自太常卿拜礼部尚书、同中书门下平章事。德舆善辩论，开陈古今，觉悟人主。为辅相，尚宽，不甚察察。封扶风郡公。德舆能赋诗，工古调乐府，极多情致，积思经术，无不贯综。手不释卷，虽动止无外饰，其酝藉风流，自然可慕。贞元、元和间，为荐绅羽仪。有文集，今传，杨嗣复为序。

长孙佐辅

佐辅，朔方人。举进士下第，放怀不羁。弟公辅，贞元间为吉州刺史，遂往依焉。后卒不宦，隐居以求志。然风流酝藉，一代名儒，诗格词情，繁缛不杂，卓然有英迈之气。每见其拟古乐府数篇，极怨慕伤感之心，如水中月，如镜中相，言可尽而理无穷也。集今传。

杨衡

衡字中师，霅人。天宝间，避地西来，与符载、崔群、李渤同隐庐山，结草堂于五老峰下，号“山中四友”。日以琴酒寓意，云月遣怀。衡诗工，苦于声韵奇拔，非常格敢窥其涯涘。尝吟罢，自赏其作，抵掌大笑，长谣曰：“一一鹤声飞上天！”谓其响彻如此，人亦叹伏。试大理评事。往来多山僧、道士，为方外之期。诗一卷，今传于世。

卷　六

白居易

居易字乐天，太原下邽人。弱冠名未振，观光上国，谒顾况。况，吴人，恃才少所推可，因谑之曰："长安百物皆贵，居大不易。"及览诗卷，至"离离原上草，一岁一枯荣，野火烧不尽，春风吹又生"，乃叹曰："有句如此，居天下亦不难！老夫前言戏之尔。"贞元十六年中书舍人高郢下进士，拔萃皆中，补校书郎。元和元年，作乐府及诗百余篇，规讽时事，流闻禁中，上悦之，召拜翰林学士，历左拾遗。时盗杀宰相，京师汹汹，居易首上疏，请亟捕贼。权臣有嫌其出位，怒。俄有言居易母堕井死而赋《新井篇》，言既浮华，行不可用，贬江州司马。初以勋庸暴露不宜，实无他肠，怫怒奸党，遂失志，亦能顺适所遇，托浮屠死生说，忘形骸者。久之，转中书舍人，知制诰。河朔乱，兵出无功，又言事不见听，乞外，除为杭州刺史。文宗立，召迁刑部侍郎。会昌初，致仕，卒。居易累以忠鲠遭摈，乃放纵诗酒，既复用，又皆幼君，仕情顿尔索寞。卜居履道里，与香山僧如满等结净社，疏沼种树，构石楼，凿八节滩，为游赏之乐，茶铛酒杓不相离。尝科头箕踞，谈禅咏古，晏如也。自号"醉吟先生"，作传。酷好佛，亦经月不荤，称"香山居士"。与胡杲、吉旻、郑据、刘真、卢贞、张浑、如满、李文爽燕集，皆年高不仕，日相招致，时人慕之，绘《九老图》。公诗以六义为主，不尚艰难，每成篇，必令其家老妪读之，问解则录。后人评白诗“如山东父老课农桑，言言皆实”者也。鸡林国行贾售于其国相，率篇百金，伪者即能辨之。与元稹极善胶漆，音韵亦同，天下曰“元、白”。元卒，与刘宾客齐名，曰“刘、白”云。公好神仙，自制飞云履，焚香振足，如拨烟雾，冉冉生云。初来九江，居庐阜峰下，作草堂烧丹，今尚存。有《白氏长庆集》七十五卷，及所撰古今事实为《六帖》，及述作诗格法，欲自除其病，名《白氏金针集》三卷，并行于世。

元稹

稹字微之，河南人。九岁工属文，十五擢明经，书判入等，补校书郎。元和初，对策第一，拜左拾遗。数上书言利害，当路恶之，出为河南尉。后拜监察御史，按狱东川，还次敷水驿，中人仇士良夜至，稹不让邸，仇怒，击稹败面。宰相以稹年少轻威，失宪臣体，贬江陵士曹参军。李绛等论其枉。元和末，召拜膳部员外郎。稹诗变体，往往宫中乐色皆诵之，呼为才子。然缀属虽广，乐府专其警策也。初在江陵，与监军崔潭峻善。长庆中，崔进其歌诗数千百篇，帝大悦，问今安在，曰：“为南宫散郎。”擢祠部郎中、知制诰，俄迁中书舍人、翰林承旨，后拜同中书门下平章事。初以瑕衅，举动浮薄，朝野杂笑，未几罢。然素无检，望轻，不为公议所右。除武昌节度使，卒。在越时，辟窦巩。巩工诗，日酬和，故镜湖、秦望之奇益传，时号“兰亭绝唱”。微之与白乐天最密，虽骨肉未至，爱慕之情，可欺金石，千里神交，若合符契，唱和之多，无逾二公者。有《元氏长庆集》一百卷，及《小集》十卷，今传。

夫松柏饱风霜而后胜梁栋之任，人必劳饿空乏而后无充诎之态。誉早必气锐，气锐则志骄，志骄则敛怨。先达者未足喜，晚成者或可贺。况庆吊相望于门间，不可测哉。人评元诗如李龟年说天宝遗事，貌悴而神不伤。况尤物移人，侈俗迁性，足见其举止斐薄丰茸，仍且不容胜己。至登庸成忝，贻笑于多士，其来尚矣。不矜细行，终累大德，岂不闻言行君子之枢机、荣辱之主耶？古人不耻能治而无位，耻有位而不能治也。

李绅

绅字公垂，亳州人。元和元年武翊黄榜进士，与皇甫湜同年。补国子助教。穆宗召为翰林学士，累迁中书舍人。武宗即位，拜中书侍郎、平章事。绅为人短小精悍，于诗特有名，号“短李”。与李德裕、元稹同时，称“三俊”。集名《追昔游》，多纪行之作；又批答一卷，皆传。初为寿州刺史，有秀才郁浑，年甫弱冠，应百篇科，绅命题试之，未昏而就，警句佳意甚多，亦有集，今传。

鲍溶

溶字德源。元和四年韦瓘榜第进士，在杨汝士一时。与李端公益少同袍，为尔汝交。初隐江南山中，避地，家苦贫，劲气不扰，羁旅四方，登临怀昔，皆古今绝唱。过陇头古天山大阪，泉水呜咽，分流四下，赋诗曰：“陇头水，千古不堪闻。生归苏属国，死别李将军。细响风凋草，清哀雁入云。”其警绝大概如此。古诗乐府，可称独步。盖其气力宏赡，博识清度，雅正高古，众才无不备具云。卒飘蓬薄宦，客死三川。有集五卷今传。

张又新

又新字孔昭，深州人也。初应宏辞第一，又为京兆解头，元和九年礼部侍郎韦贯之下状元及第，时号为“张三头”。应辟为广陵从事，历补阙。为性倾邪，谄事宰相李逢吉，为之鹰犬，名在“八关十六子”之目。逢吉领山南节度，表为司马。坐田伾事贬官。李训专政，又新复见用，后竟坐事谪远州刺史。仕终左司郎中。善为诗，恃才多斓藉。其淫荡之行，率见于篇。尝曰：“我少年擅美名，意不欲仕宦，惟得美妻，平生足矣。”娶杨虔州女，有德无色，殊怏怏。后过淮南，李绅筵上得一歌姬，与之偕老，其狂斐类此。喜嗜茶，恨在陆羽后，自著《煎茶水记》一卷及诗文等行于世。

殷尧藩

尧藩，秀州人。为性简静，眉目如画。工诗文，耽丘壑之趣。尝曰：“吾一日不见山水与俗人谈，便觉胸次尘土堆积，急呼浊醪浇之，聊解秽耳。”元和九年韦贯之放榜，尧藩落第，杨尚书大为称屈料理，因擢进士。数年，为永乐县令。一舸之官，弹琴不下堂，而人不忍欺。雍陶寄诗曰：“古县萧条秋景晚，昔时陶令亦如君。头巾漉酒临黄菊，手板支颐向白云。百里岂能容骥足，九霄终自别鸡群。相思不恨书来少，佳句多从阙下闻。”及与沈亚之、马戴为诗友，赠答甚多。后仕终侍御史。尧藩初游韦应物门墙，分契莫逆。及来长沙，尚书李翱席上有舞柘枝者，容语凄恻，因感而赋诗以赠曰："姑苏太守青娥女，流落长沙舞柘枝。满座绣衣皆不识，可怜红粉泪双垂。"众客惊问之，果韦公爱姬所生女也，相于吁叹。翱即命削丹书，于宾馆中择士嫁之。今有集一卷传世，皆铿锵蕴藉之作也。

清塞

清塞，字南卿，居庐岳，为浮屠。客南徐亦久，后来少室、终南间。俗姓周，名贺。工为近体诗，格调清雅，与贾岛、无可齐名。宝历中，姚合守钱塘，因携书投刺以丐品第。合延待甚异，见其哭僧诗云："冻须亡夜剃，遗偈病中书。"大爱之，因加以冠巾，使复姓字。时夏腊已高，荣望落落，竟往依名山诸尊宿自终。诗一卷，今存。

无可

无可，长安人，高僧也。工诗，多为五言。初，贾岛弃俗时，同居青龙寺，呼岛为从兄。与马戴、姚合、厉玄多有酬唱。律调谨严，属兴清越，比物以意，谓之"象外句"，如曰："听雨寒更尽，开门落叶深。"又曰："微阳下乔木，远烧入秋山。"凡此等新奇，当时翕然称尚，妙在言用而不失其名耳。今集一卷相传。

熊孺登

孺登，钟陵人，有诗名。元和中为西川从事，与白舍人、刘宾客善，多赠答。亦祇役湘中数年。凡下笔，言语妙天下，如：“江流如箭月如弓，行尽三湘数夜中。无奈子规知向蜀，一声声似怨春风。”又《经古墓》云：“碑折松枯山火烧，夜台曾闭不曾朝。那将逝者比流水，流水东流逢上潮。”类此极多。有集今传。

李约

约字存博，汧公李勉之子也。元和中，仕为兵部员外郎。与主客员外张谂极相知，每单枕静言，达旦不寐。尝赠韦况曰：“我有心中事，不向韦郎说。秋夜洛阳城，明月照张八。”性清洁寡欲，一生不近粉黛，博古探奇。初，汧公海内名臣，多蓄古今玩器，约愈好之，所居轩屏几案，必置古铜怪石，法书名画，皆历代所宝。坐间悉雅士，清谈终日，弹琴煮茗，心略不及尘事也。尝使江南，于海门山得双峰石及绿石琴荐，并为好事者传闳，然亦寓意，未尝戛然寡情，豪夺吝与。复嗜茶，与陆羽、张又新论水品特详。曾授客煎茶法曰：“茶须缓火炙，活火煎。当使汤无妄沸，始则鱼目散布，微微有声；中则四畔泉涌，累累然；终则腾波鼓浪，水气全消。此老汤之法，固须活火，香味俱真矣。”时知音者赏之。有诗集。后弃官终隐，又著《东杓引谱》一卷，今传。

沈亚之

亚之字下贤，吴兴人。初至长安，与李贺结交。举进士，不第，为歌以送归。元和十年侍郎崔群下进士。泾原李汇辟为掌书记，迁秘书省正字。长庆中，补栎阳令。四年，迁福建团练副使，事徐晦。后累迁殿中丞御史、内供奉。太和三年，柏耆宣慰德州，取为判官。耆罢，亚之贬南康尉，后终郢州掾。亚之以文词得名，然狂躁贪冒，辅耆为恶，颇凭陵晚达，故及于谪。尝游韩吏部门。杜牧、李商隐俱有拟沈下贤诗，盖甚为当时名辈器重云。有集九卷传世。

徐凝

凝，睦州人。元和间，有诗名，方干师事之。与施肩吾同里闬，日亲声调。无进取之意，交眷悉激勉。始游长安，不忍自衒鬻，竟不成名。将归，以诗辞韩吏部云："一生所遇惟元、白，天下无人重布衣。欲别朱门泪先尽，白头游子白身归。"知者怜之。遂归旧隐，潜心诗酒。人间荣耀，徐山人不复贮齿颊中也。老病且贫，意泊无恼，优悠自终。集一卷，今传。

余昔经桐庐古邑，山水苍翠，严先生钓石居然无恙。忽自星沉，千载寥邈，后之学者往往继踵芳徽，文华伟杰，义逼云天，产秀毓奇，此时为冠。至今有长吟高蹈之风，古碑石刻题名等，相传不废。揽辔彷徨，不忍去之。胜地以一人兴，先贤为来者重，固当相勉而无倦也。

裴夷直

夷直字礼卿，吴人。元和十年礼部侍郎崔群下进士。仕为中书舍人。武宗立，以罪贬驩州司户。宣宗初，为江、华二州刺史。终尚书左司员外郎、散骑常侍。工诗，有盛名。集一卷，今传于世。

薛涛

涛字洪度，成都乐妓也。性辨慧，调翰墨。居浣花里，种菖蒲满门，傍即东北走长安道也，往来车马留连。元和中，元微之使蜀，密意求访，府公严司空知之，遣涛往侍。微之登翰林，以诗寄之曰："锦江滑腻峨嵋秀，幻出文君与薛涛。言语巧偷鹦鹉舌，文章分得凤凰毛。纷纷词客皆停笔，个个公侯欲梦刀。别后相思隔烟水，菖蒲花发五云高。"及武元衡入相，奏授校书郎。蜀人呼妓为"校书"，自涛始也。后胡曾赠诗曰："万里桥边女校书，枇杷树下闭门居。扫眉才子知多少，管领春风总不如！"涛工为小诗，惜成都笺幅大，遂皆制狭之，人以为便，名曰"薛涛笺"。且机警闲捷，座间谈笑风生。高骈镇蜀门日，命之佐酒；行一字叶音令，且得形象，曰："口似没梁斗。"答曰："川似三条椽。"公曰："奈一条曲何？"曰："相公为西川节度，尚用一破斗，况穷酒佐杂，一曲椽何足怪哉！"其敏捷类此特多，座客赏叹。其所作诗，稍窥良匠，词意不苟，情尽笔墨，翰苑崇高，辄能攀附，殊不意裙裾之下，出此异物，岂得匪其人而弃其学哉？大和中卒，有《锦江集》五卷，今传，中多名公赠答云。

姚合

合，陕州人，宰相崇之曾孙也。以诗闻。元和十一年，李逢吉知贡举，有夙好，因拔泥涂。郑解榜及第，历武功主簿，富平、万年尉。宝应中，除监察御史，迁户部员外郎，出为金、杭二州刺史。后召入，拜刑、户二部郎中、谏议大夫、给事中。开成间，李商隐尉弘农，以活囚忤观察使孙简，将罢去，会合来代简，一见大喜，以风雅之契，即谕使还官。人雅服其义。后仕终秘书监。与贾岛同时，号“姚、贾”，自成一法。岛难吟，有清冽之风；合易作，皆平澹之气。兴趣俱到，格调少殊，所谓方拙之奥，至巧存焉。盖多历下邑，官况萧条，山县荒凉，风景凋弊之间，最工模写也。性嗜酒爱花，颓然自放，人事生理，略不介意，有达人之大观。所为诗十卷，及选集王维、祖咏等一十八人诗为《极玄集》一卷，序称维等皆“诗家射雕手”也。又摭古人诗联，叙其措意，各有体要，撰《诗例》一卷，今并传焉。

李廓

廓，宰相程之子也。少有志勋业，揽辔慨然，而未肯屑就，遂困场屋中。作下第诗曰：“榜前潜制泪，众里独嫌身。气味如中酒，情怀似别人。”时流皆称赏，且怜之，因共推挽。元和十三年独孤樟榜进士，调司经局正字，出为鄠县令。累历显宦，仕终武宁节度使，政有奇绩。工诗，极绮致。与贾岛相友善。集今传世。

章孝标

孝标字道正，钱塘人。李绅镇淮东南，时春雪，孝标参座席，有诗名，绅命札请赋，唯然，索笔一挥云：“六出花飞处处飘，粘窗拂砌上寒条。朱门到晚难盈尺，尽是三军喜气消。”李大称赏，荐于主文。元和十四年礼部侍郎庾承宣下进士及第，授校书郎。于长安将归家庆，先寄友人曰：“及第全胜十政官，金汤镀了出长安。马头渐入扬州郭，为报时人洗眼看。”绅适见，亟以一绝箴之曰：“假金方用真金镀，若是真金不镀金。十载长安方一第，何须空腹用高心。”孝标惭谢。伤其气宇窘急，终不大用。大和中，尝为山南道从事，试大理评事。仕终秘书正字。有集一卷传世。

施肩吾

肩吾字希圣，睦州人。元和十五年卢储榜进士，登第后谢礼部陈侍郎云：“九重城里无亲识，八百人中独姓施。”不待除授即东归，张籍群公吟饯，人皆知有仙风道骨，宁恋人间升斗耶？而少存箕颍之情，拍浮诗酒，搴擘烟霞。初读书，五行俱下，至是受真诠于仙长，遂知逆顺颠倒之法，与上中下精气神三田反覆之义。以洪州西山十二真君羽化之地，慕其真风，高蹈于此，题诗曰：“重重道气结成神，玉阙金堂逐日新。若数西山得道者，兼余即是十三人。”早尝赋《闲居遣兴》诗一百韵，颇述初心，大行于世。著《辨疑论》一卷，《西山传道》《会真》等记各一卷。述气住则神住，神住则形住，为《三住铭》一卷，及所为诗十卷，自为之序，今传。

袁不约

不约字还朴，长庆三年郑冠榜进士。大和中，以平判入等调官。有诗传世。

韩湘

湘字清夫，愈之侄孙也。长庆三年礼部侍郎王起下进士。落魄不羁，见趣必高远苦吟。公勉以经学，曰："湘所学公不知耶？"因赋诗以述志云："青山云水窟，此地是吾家。后夜流琼液，凌晨咀绛霞。琴弹碧玉调，炉炼白朱沙。宝鼎存金虎，元田养白鸦。一瓢藏世界，三尺斩妖邪。解造逡巡酒，能开顷刻花。有人能学我，同去看仙葩。"公笑曰："子能夺造化乎？"湘曰："此事甚易。"公为开樽，湘聚土以盆覆之，噀水良久，开碧桃花二朵，花片上有诗一联云："云横秦岭家何在？雪拥蓝关马不前。"公甚怪异，未喻其意。曰："他日验之。"告去。未几，公以谏佛骨事谪潮州刺史，一日途中见有人冒风雪从岭间来，视乃湘也，再拜马前曰："公忆花上之句乎？"因询其地，即蓝关。嗟叹久之，解鞍酒垆命酌，足成诗曰："一封朝奏九重天，夕贬潮阳路八千。本为圣朝除弊事，岂期衰朽送残年。云横秦岭家何在？雪拥蓝关马不前。知汝远来应有意，好收吾骨瘴江边。"又赠诗曰："人才为世古来多，如子雄文孰可过？好待功名成就日，却抽身去上烟萝。"湘笑而不答，献诗别公曰："举世都为名利醉，惟吾来向道中醒。他时定是飞升去，冲破秋空一点青。"遂别，竟不知所终。

韩琮

琮字成封。长庆四年李群榜进士及第。大中中，仕至湖南观察使。有诗名，多清新之制，锦绮不如也。《浐水送别》云：

“绿暗红稀出凤城，暮云楼阁古今情。行人莫听宫前水，流尽年光是此声。”《骆口晚望》云：“秦川如画渭如丝，去国还家一望时。公子王孙莫来好，岭花多是断肠枝。”如此等喧满人口，余极多，皆称是。集一卷今传。

韦楚老

楚老，长庆四年中书舍人李宗闵下进士，仕终国子祭酒。工诗，气既沉雄，语亦豪健。作古乐府居多，《祖龙吟》曰：“黑云兵气射天裂，壮士朝眠梦冤结。祖龙一夜死沙丘，胡亥空随鲍鱼辙。腐肉偷生二千里，伪书先赐扶苏死。墓接骊山土未干，瑞光已向芒砀起。陈胜城中鼓三下，秦家天地如崩瓦。龙蛇撩乱入咸阳，少帝空随汉家马。”杰制颇多，俱当刮目。今并传。

张祜

祜字承吉，南阳人，来寓姑苏。乐高尚，称处士；骚情雅思，凡知己者悉当时英杰。然不业程文。元和、长庆间，深为令狐文公器许，镇天平日，自草表荐，以诗三百首献于朝，辞略曰：“凡制五言，苞含六义，近多放诞，靡有宗师。祜久在江湖，早工篇什，研几甚苦，搜象颇深，辈流所推，风格罕及。谨令缮录诣光顺门进献，望宣付中书门下。”祜至京师，属元稹号有城府，偃仰内庭，上因召问祜之词藻上下，稹曰：“张祜雕虫小技，壮夫不为，若奖激太过，恐变陛下风教。”上颔之。由是寂寞而归，为诗自悼云：“贺知章口徒劳说，孟浩然身更不疑。”遂客淮南。杜牧时为度支使，极相善待，有赠云：“何人得似张公子，千首诗轻万户侯。”祜苦吟，妻孥每唤之，皆不应，曰：“吾方口吻生花，岂恤汝辈乎！”性爱山水，多游名寺，如杭之灵隐、天竺，苏之灵岩、楞伽，常之惠山、善权，润之甘露、招隐，往往题咏唱绝。同时崔涯亦工诗，与祜齐名，颇自放行乐，或乘兴北里，每题诗倡肆，誉之则声价顿增，毁之则车马扫迹。涯尚义，有侠诗云：“太行岭上三尺雪，崔涯袖中三尺铁。一朝若遇有心人，出门便与妻儿别。”尝共谒淮南李相，祜称“钓鳌客”，李怪之曰：“钓鳌以何为竿？”曰：“以虹。”“以何为钩？”曰：“新月。”“以何为饵？”曰：“以短李相公也。”绅壮之，厚赠而去。晚与白乐天日相聚谦谑，乐天讥以“足下新作《忆柘枝》云：‘鸳鸯钿带抛何处，孔雀罗衫付阿谁？’乃一问头诗耳。”祜曰：“鄙薄之诮是也。明公《长恨歌》曰：‘上穷碧落下黄泉，两处茫茫都不见。’又非目连寻母邪？”一座大笑。初过广陵，题曰：“十里长街市井连，月明桥上看神仙。人生只合扬州死，禅智山光好墓田。”大中中，果卒于丹阳隐居，人以为谶云。诗一卷今传。

卫蘧伯玉耻独为君子，令狐公其庶几，元稹则不然矣。十誉不足，一毁有余，其事业浅深，于此可以观人也。尔所不知，人其舍诸？稹谓祜雕虫琐琐，而稹所为，有不若是耶？忌贤嫉能，迎户而噬，略己而过人者，穿窬之行也。祜能以处士自终其身，声华不借钟鼎，而高视当代，至今称之。不遇者天也，不泯者亦天也，岂若彼取容阿附，遗臭之不已者哉！

刘得仁

得仁，公主之子也。长庆间，以诗名，五言清莹，独步文场。自开成后至大中三朝，昆弟以贵戚皆擢显仕，得仁独苦工文，尝立志必不获科第，不愿儋人之爵也。出入举场二十年，竟无所成，投迹幽隐，未尝耿耿。有寄所知诗云："外族帝王是，中朝亲故稀。翻令浮议者，不许九霄飞。"忧而不困，怨而不怒，哀而不伤，铿锵金玉，难合同流，而不厌于磨淬，端能确守格律，揣治声病，甘心穷苦，不汲汲于富贵，王孙公子中，千载求一人不可得也。及卒，僧栖白吊之曰："思苦为诗身到此，冰魂雪魄已难招。直教桂子落坟上，生得一枝冤始销。"有诗一卷行于世。

朱庆余

庆余字可久，以字行，闽中人。宝历二年裴球榜进士及第，授秘省校书。得张水部诗旨，气平意绝，社中哲匠也，有名当时。集一卷今传。

杜牧

牧字牧之，京兆人也。善属文，大和二年韦筹榜进士，与厉玄同年。初未第，来东都，时主司侍郎为崔郾，太学博士吴武陵策蹇进谒曰："侍郎以峻德伟望，为明君选才，仆敢不薄施尘露。向偶见文士十数辈，扬眉抵掌，共读一卷文书，览之乃进士杜牧《阿房宫赋》。其人王佐才也。"因出卷搢笏朗诵之。郾大加赏。曰："请公与状头。"郾曰："已得人矣。"曰："不得，即请第五人；更否，则请以赋见还！"辞容激厉。郾曰："诸生多言牧疏旷不拘细行，然敬依所教，不敢易也。"后又举贤良方正科。沈传师表为江西团练府巡官，又为牛僧孺淮南节度府掌书记，拜侍御史。累迁左补阙，历黄、池、睦三州刺史，以考功郎中知制诰，迁中书舍人。牧刚直有奇节，不为龊龊小谨，敢论列大事，指陈利病尤切。兵法戎机，平昔尽意。尝以从兄悰更历将相，而己困踬不振，怏怏难平。卒年五十。临死自写墓志，多焚所为文章。诗情毫迈，语率警人，识者以拟杜甫，故呼“大杜”“小杜”以别之。后人评牧诗，如铜丸走坂，骏马注坡，谓圆快奋急也。牧美容姿，好歌舞，风情颇张，不能自遏。时淮南称繁盛，不减京华，且多名妓绝色，牧恣心赏，牛相收街吏报杜书记平安帖子至盈箧。牧御史分司洛阳，时李司徒闲居，家妓为当时第一，宴朝士，以牧风宪，不敢邀，牧因遣讽李使召己。既至，曰：“闻有紫云者妙歌舞，孰是？”即赠诗曰：“华堂今日绮筵开，谁唤分司御史来？忽发狂言警四座，两行红袖一时回。”意气闲逸，傍若无人，座客莫不称异。太和末，往湖州，目成一女子，方十余岁，约以十年后吾来典郡当纳之，结以金币。洎周墀入相，上笺乞守湖州，比至，已十四年，前女子从人，两抱雏矣。赋诗曰：“自恨寻芳去较迟，不须惆怅怨芳时，如今风摆花狼藉，绿叶成阴子满枝。”此其大概一二，凡所牵系，情见于辞。别业樊川。有《樊川集》二十卷，及注《孙子》，并传。同时有严恽字子重，工诗，与牧友善，以《问春》诗得名，昔闻有集，今无之矣。

卷 七

杨发

发，太和四年礼部侍郎郑澣下第二人及第。工诗，亦当时声韵之伟者。略举一篇《宿黄花馆》云："孤馆萧条槐叶稀，暮蝉声隔水声微。年年为客路长在，日日送人身未归。何处离鸿迷浦月，谁家愁妇捣寒衣？夜深人卧帘犹卷，数点残萤入户飞。"俱浏亮清新，颇惊凡听，恨其出处事迹不得而知也。有诗传世尚多。

李远

远字求古，太和五年杜陟榜进士及第，蜀人也。少有大志，夸迈流俗。为诗多逸气，五彩成文。早历下邑，词名卓然。宣宗时，宰相令狐绹进奏拟远杭州刺史，上曰："朕闻远诗有'青山不厌千杯酒，白日惟销一局棋。'是疏放如此，岂可临郡理人！"绹曰："诗人托此以写高兴耳，未必实然。"上曰："且令往观之。"至果有治声。性简俭，嗜啖凫鸭，贵客经过，无他赠，厚者绿头一双而已。后历忠、建、江三州刺史，仕终御史中丞。初牧溢城，求天宝遗物，得秦僧收杨妃袜一袮，珍袭，呈诸好事者。会李群玉校书自湖湘来，过九江，远厚遇之，谈笑永日。群玉话及向赋黄陵庙诗，动朝云暮雨之兴，殊亦可怪。远曰："仆自获凌波片玉，软轻香窄，每一见未尝不在马嵬下也。”遂更相戏笑，各有赋诗。后来颇为法家所短。盖多情少束，亦徒以微辞相感动耳。有诗集一卷，今传。

李敬方

敬方字中虔，长庆三年郑冠榜进士。大和中，仕为歙州刺史，后坐事左迁台州刺史。有诗一卷传世。

许浑

浑字仲晦，润州丹阳人，圉师之后也。大和六年李珪榜进士，为当涂、太平二县令。少苦学劳心，有清羸之疾，至是以伏枕免。久之，起为润州司马。大中三年，拜监察御史，历虞部员外郎，睦、郢二州刺史。尝分司朱方，买田筑室；后抱病退居丁卯桥，每村舍暇日，缀录所作，因以名集。浑乐林泉，亦慷慨悲歌之士，登高怀古，已见壮心，故其格调豪丽，犹强弩初张，牙浅弦急，俱无留意耳。至今慕者极多，家家自谓得骊龙之照夜也。早岁尝游天台，仰看瀑布，旁眺赤城，辨方广于非烟，蹑石桥于悬壁，登陟兼晨，穷览幽胜，朗诵孙绰古赋，傲然有思归之想，志存不朽，再三信宿，彷徨不能去。以王事不果，有负初心。后昼梦登山，有宫阙凌虚，问曰：“此昆仑也。”少顷远见数人方饮，招浑就坐，暮而罢，一佳人出笺求诗，未成，梦破，后吟曰：“晓入瑶台露气清，庭中惟见许飞琼。尘心未断俗缘在，十里下山空月明。”他日复梦至山中，佳人曰：“子何题余姓名于人间？”遂改为“天风吹下步虚声”。曰：“善矣。”浑才思翩翩，仙子所爱，梦寐求之，一至于此。昔子建赋《洛神》，人以徒闻虚语，以是谓迂诞不信矣。未几遂卒。有诗二卷，今传。

雍陶

陶字国钧，成都人。工于词赋。少贫，遭蜀中乱后，播越羁旅，有诗云："贫当多病日，闲过少年时。"太和八年陈宽榜进士及第，一时名辈咸伟其作。然恃才傲睨，薄于亲党，其舅云安刘钦之下第归三峡，却寄陶诗云："地近衡阳虽少雁，水连巴蜀岂无鱼？"得诗颇愧赧，遂通问不绝。大中六年，授国子毛诗博士。与贾岛、殷尧藩、无可、徐凝、章孝标友善，以琴樽诗翰相娱，留长安中。大中末，出刺简州，时名益重，自比谢宣城、柳吴兴，国初诸人诗奴耳。宾至必佯狂挫辱，投贽者少得通。秀才冯道明时称机捷，因罢举请谒，给阍者曰："与太守有故。"陶倒屣，及见，呵责曰："与足下素昧平生，何故之有？"冯曰："诵公诗文，室迩人远，何隔平生？"吟陶诗数联，如"立当青草人先见，行近白莲鱼未知"；又"闭门客到常如病，满院花开未是贫"；又"江声秋入峡，雨色夜侵楼"等句。陶多其慕己，厚赠遣之。自负如此。后为雅州刺史，郭外有情尽桥，乃分衿祖别之所，因送客陶怪之，遂于上立候馆，改名"折柳桥"，取古乐府《折杨柳》之义，题诗曰"从来只有情难尽，何事呼为情尽桥？自此改名为'折柳'，任它离恨一条条。"甚脍炙当时。竟辞荣闲居庐岳，养奇傲世，与尘事日冥矣。有《唐志集》五卷，今传。

贾驰

驰，太和九年郑确榜进士。初负才质，蹭蹬名场，往来公卿间，担簦蹑屩，莫伸其志。尝入关赋诗云："河上微风来，关头树初湿。今朝关城吏，又见孤客入。上国谁与期？西来徒自急。"主司闻之，有怜才之意，遂放第。不甚显宦，诗文俱得美声。后来文士集中，多称"贾先辈"，其名誉为时所重云。有集传世。

伍乔

乔，少隐居庐山读书，工为诗，与杜牧之同时擢第。初，乔与张洎少友善，洎仕为翰林学士，眷宠优异，乔时任歙州司马，自伤不调，作诗寄洎，戒去仆曰："俟张游宴即投之。"洎得缄云："不知何处好销忧？公退携樽即上楼。职事久参侯伯幕，梦魂长达帝王州。黄山向晚盈轩翠，黟水含春绕郡流。遥想玉堂多暇日，花时谁伴出城游？"洎动容久之，为言于上，召还为考功员外郎，卒官。今有诗二十余篇传于世。

陈上美

上美，开成元年礼部侍郎高锴放榜第二人登科。以诗鸣当时，间作悉佳制。论其骨格本峭，但少气耳。有集今传。

夫矻矻穷经，志在死而不亡者，天道良难，无固必也。或称硕儒而名偶身丧，或乃颓然而青编不削。又若以位高金多，心广体胖，而富贵骄人，文□□称功业黯黯，则未若腐草之有萤也。今群居论古终日，其人既远，骨已朽矣，幸而照灼简牍，未必皆扬雄、班、马之流耳。于兹传中，族匪闻望，官不隆重，俱以一咏争长岁月者亦多，岂曰小道而忽之！设有白璧，入地不满尺，出土无肤寸，虽卞和憧憧往来其间，不失者亦鲜矣。幸不幸之谓也。

李商隐

商隐字义山，怀州人也。令狐楚奇其才，使游门下，授以文法，遇之甚厚。开成二年高锴知贡举，楚善于锴，奖誉甚力，遂擢进士，又中拔萃。楚又奏为集贤校理。楚出，王茂元镇兴元，素爱其才，表掌书记，以子妻之，除侍御史。茂元为牛、李党，士流嗤谪商隐，以为诡薄无行，共排摈之。来京都，久不调，更依桂林总管郑亚府为判官，后随亚谪循州，三年始回。归，穷于宰相绹，绹恶其忘家恩，放利偷合，从小人之辟，谢绝殊不展分。重阳日，因诣厅事，留题云："十年泉下无消息，九日樽前有所思。"又云："郎君官贵施行马，东阁无因许再窥。"绹见之恻然，乃补太学博士。柳仲郢节度中州，辟为判官。商隐廉介可畏，出为广州都督，人或袖金以赠，商隐曰："吾自性分不可易，非畏人知也。"未几，入拜检校吏部员外郎，罢，客荥阳，卒。商隐工诗，为文瑰迈奇古，辞难事隐，及从楚学，俪偶长短，而繁缛过之。每属缀，多检阅书册，左右鳞次，号"獭祭鱼"。而旨能感人，人谓其横绝前后。时温庭筠、段成式各以秾致相夸，号"三十六体"。后评者谓其诗如百宝流苏，千丝铁网，绮密瑰妍，要非适用之具。斯言信哉。初得大名，薄游长安，尚希识面，因投宿逆旅，有众客方酣饮，赋《木兰花》诗，就呼与坐，不知为商隐也。后成一篇云："洞庭波冷晓侵云，日日征帆送远人。几度木兰船上望，不知元是此花身。"客问姓名，大惊称罪。时白乐天老退，极喜商隐文章，曰："我死后得为尔儿足矣。"白死数年生子，遂以"白老"名之。既长殊鄙钝，温飞卿戏曰："以尔为侍郎后身，不亦忝乎？"后更生子名衮师，聪俊，商隐诗云："衮师我娇儿，英秀乃无匹。"此或其后身也？商隐文自成一格，后学者重之，谓"西昆体"也。有《樊南甲集》二十卷、《乙集》二十卷、《玉溪生诗》三卷。初自号"玉溪子"。又赋一卷，文一卷，并传于世。

喻凫

凫，毗陵人，开成五年李从实榜进士。仕为乌程县令。有诗名。晚岁变雅，凫亦风靡，专工小巧，高古之气扫地，所畏者务陈言之是去耳。后来才子皆称"喻先辈"，向慕之情足见也。同时薛莹亦工诗。凫诗一卷，莹诗《洞庭集》一卷，今并传。

薛逢

逢字陶臣，蒲州人。会昌元年崔岘榜第三人进士，调万年尉。未几，佐河中幕府。崔铉入相，引直弘文馆。历侍御史、尚书郎。持论鲠切，以谋略高自標显布衣中。与刘瑑交，而文辞出逢下，常易瑑；及当国，有荐逢知制诰者，瑑猥言先朝以两省官、给事、舍人治州县乃得除，逢未试州，不可。乃出为巴州刺史。初及第与杨收、王铎同年，而逢文艺最优。收辅政，逢有诗云："谁知金印朝天客，同是沙堤避路人。"收衔之，斥为蓬、绵二州刺史。及铎相，逢又赋诗云："昨日鸿毛万钧重，今朝山岳一毫轻。”铎怒，中外亦鄙逢褊傲，迁秘书监，卒。逢晚年龃龉宦途，尝策羸赴朝，值新进士榜下，缀行而出，呵殿整然，见逢行李萧条，前导曰：“回避新郎君。”逢輾然，因遣一介语之曰：“报道莫贫相，阿婆三五少年时，也曾东涂西抹来。”其人辟易。

逢天资本高，学力亦赡，故不甚苦思，豪逸之态，长短皆率然而成，未免失浅露俗，亦当时所尚，非离群绝俗之谓。夫道家三宝，其一“不敢为天下先”。前人者孰肯后之，加人者孰能受之？观逢恃才怠傲，耻在喧卑而喋喋唇齿，亦犹恶醉而强酒也。累摈远方，寸进尺退，至龙钟而自愤不已，盖祸福无不自己求者焉。有诗集十卷，又别纸十三卷，赋集十四卷，今并行。

赵嘏

嘏字承祐，山阳人。会昌四年郑言榜进士。大中中，仕为渭南尉，一时名士大夫极称道之。卑宦颇不如意。宣宗雅知其名，因问宰相：“赵嘏诗人，曾为好官否？可取其诗进来。”读其卷首题秦诗云：“徒知六国随斤斧，莫有群儒定是非。”上不悦，事寝。嘏尝早秋赋诗云：“残星数点雁横塞，长笛一声人倚楼。”杜牧之呼为“赵倚楼”，赏叹之也。又初有诗，落句云：“早晚粗酬身事了，水边归去一闲人。”仕途屹兀，岂其谶也。嘏豪迈爽达，多陪接卿相，出入馆阁，如亲属，然能以书生令远近知重，所谓“一日名动京师，三日传满天下”，有自来矣。命沾仙尉，追踪梅市，亦不恶耳。先嘏家浙西，有美姬溺爱，及计偕，留侍母。会中元游鹤林寺，浙帅窥见悦之，夺归。明年，嘏及第，自伤赋诗曰：“寂寞堂前日又曛，阳台去作不归云。当时闻说沙吒利，今日青娥属使君。”帅闻之殊惨惨，遣介送姬入长安。时嘏方出关，途次横水驿，于马上相遇，姬因抱嘏痛哭，信宿而卒，遂葬于横水之阳。嘏思慕不已，临终目有所见，时方四十余。今有《渭南集》及编年诗二卷；悉取十三代史事迹，自始生至百岁，岁赋一首、二首，总得一百一十章，今并行于世。

薛能

能字太拙，汾州人。会昌六年狄慎思榜登第。大中末，书判入等中选。补盩厔尉，辟太原、陕、虢、河阳从事。李福镇滑台，表置观察判官。历御史、都官、刑部员外郎。福徙帅西蜀，奏以自副。咸通中，摄嘉州刺史。造朝，迁主客、度支、刑部郎中，俄为同州刺史、京兆大尹。出帅咸化，入授工部尚书，复节度徐州，徙镇忠武。广明元年，徐军戍溵水，经许，能以军多怀旧惠，馆待于城中。许军惧见袭，大将周岌乘众疑怒，因为乱，逐能，据城自称留后。数日，杀能并屠其家。能治政严察，绝请谒。耽癖于诗，日赋一章为课。性喜凌人，格律卑卑，且亦无甚高论，尝以第一流自居，罕所拔拂。时刘得仁擅雅称，持诗卷造能，能以句谢云：“千首如一首，卷初如卷终。”盖讥其无变体也。量人如此，非厚德君子。晚节尚浮屠，奉法唯谨。资性傲忽，又多佻轻忤世，及为藩镇，每易武吏。尝命其子属櫜鞬，雅拜新进士，或问其故，曰：“渠消弭灾咎耳。”今有集十卷及《繁城集》一卷传焉。

李宣古

宣古字垂后，澧阳人。会昌三年卢肇榜进士。又试中宏辞。工文，极俊，有诗名。性谑浪，多所讥诮。时杜悰尚主，出守澧阳，宣古在馆下，数陪宴赏。谐慢既深，悰不能忍，忿其戏己，辱之，使卧于泥中，衣冠颠倒。长林公主素惜其才，劝曰："尚书独不念诸郎学文，待士如此，那得平阳之誉乎？"遣人扶起，更以新服，赴中座，使宣古赋诗，谢曰："红灯初上月轮高，照见堂前万朵桃。觱栗调清银字管，琵琶声亮紫檀槽。能歌姹女颜如玉，解饮萧郎眼似刀。争奈夜深抛耍令，舞来挼去使人劳。"杜公赏之。后悰二子裔休、孺休皆中第，人曰："非母贤待师，不足成其子。"今诸集中往往载其作，有英气，调颇清丽，惜不多见，竟薄命无印绶之誉，落莫自终。弟宣远，亦以诗鸣，今传者可数也。

姚鹄

鹄字居云，会昌四年礼部尚书王起下进士。多出入当时好士公卿之席幕，然吏才文价，俱不甚超。一名仅尔流播，亦云幸矣。诗一卷，今传。

项斯

斯字子迁，江东人也。会昌四年王起下第二人进士。官润州丹徒县尉，卒于任所。开成之际，声价籍甚，特为张水部所知赏，故其诗格颇与水部相类，清妙奇绝。郑少师薰赠诗云："项斯逢水部，谁道不关情。"斯性疏旷，温饱非其本心。初筑草庐于朝阳峰前，交结静者，盘礴岩林，戴藓花冠，披鹤氅，就松阴，枕白石，饮清泉，长哦细酌，凡如此三十余年。晚污一名，殊屈清致。其警联如"病尝山药遍，贫起草堂低。”如“客来因月宿，床势向山移。”下第云：“独存讨江马，强拂看花衣。”病僧云：“不言身后事，犹坐病中禅。”又“湖山万叠翠，门树一行春。”又“一灯愁里梦，九陌病中春。”如“月明古寺客初到，风度闲门僧未归。”又《宫人入道》云：“将敲碧落新斋磬，却进昭阳旧赐筝”之类，不一而足，当时盛称。杨敬之祭酒赠诗云：“几度见君诗总好，及观标格过于诗。平生不解藏人善，到处逢人说项斯。”其名以此益彰矣。集一卷，今行。

马戴

戴字虞臣，华州人。会昌四年左仆射王起下进士，与项斯、赵嘏同榜，俱有盛名。初应辟佐大同军幕府，与贾岛、许棠唱答。苦家贫，为禄代耕，岁廪殊薄，然终日吟事，清虚自如，《秋思》一绝云：“万木秋霜后，孤山夕照余。田园无岁计，寒近忆樵渔。”调率如此。后迁国子博士，卒。戴诗壮丽，居晚唐诸公之上，优游不迫，沉著痛快，两不相伤，佳作也。早耽幽趣，既乡里当名山，秦川一望，黄埃赤日，增起凌云之操。结茅堂玉女洗头盆下，轩窗甚僻，对悬瀑三十仞，往还多隐人。谁谓白头从宦，俸不医贫，徒兴猿鹤之诮，不能无也。有诗一卷，今传。

孟迟

迟字达之，平昌人。会昌五年易重榜进士。有诗名，尤工绝句，风流妩媚，皆宫商金石之声。情与顾非熊甚相得，且同年。有诗一卷行于世。

任蕃

蕃，会昌间人。家江东，多游会稽、苕、霅间。初亦举进士之京，不第，榜罢，进谒主司曰："仆本寒乡之人，不远万里，手遮赤日，步来长安，取一第荣父母不得。侍郎岂不闻江东一任藩，家贫吟苦，忍令其去如来日也？敢从此辞，弹琴自娱，学道自乐耳。"主司惭，欲留不可得。归江湖，专尚声调。去游天台巾子峰，题寺壁间云："绝顶新秋生夜凉，鹤翻松露滴衣裳。前峰月照一江水，僧在翠微开竹房。"既去百余里，欲回改作"半江水"，行到题处，他人已改矣。后复有题诗者，亡其姓名，曰："任蕃题后无人继，寂寞空山二百年。"才名类是。凡作必使人改视易听，如《洛阳道》云："憧憧洛阳道，尘下生春草。行者岂无家，无人在家老。鸡鸣前结束，争去恐不早。百年路傍尽，白日车中晓。求富江海狭，取贵山岳小。二端立在途，奔走何由了！"想蕃风度此亦足举其梗概。有诗七十七首为一卷，今传非全文矣。

顾非熊

非熊，姑苏人况之子也。少俊悟，一览辄能成诵。工吟，扬誉远近。性滑稽好辩，颇杂笑言，凌轹气焰子弟，既犯众怒，挤排者纷然。在举场角艺三十年，屈声被人耳。会昌五年，谏议大夫陈商放榜。初，上洽闻非熊诗价，至是怪其不第，敕有司进所试文章，追榜放令及第。刘得仁贺以诗曰："愚为童稚时，已解念君诗。及得高科早，须逢圣主知。"授盱眙主簿，不乐拜迎，更厌鞭挞，因弃官归隐。王司马建送诗云："江城柳色海门烟，欲到茅山始下船。知道君家当瀑布，菖蒲潭在草堂前。"一时饯别吟赠俱名流。不知所终。或传住茅山十余年，一旦遇异人，相随入深谷，不复出矣。有诗一卷，今行于世。

曹邺

邺字业之，桂林人。累举不第，为四怨、三愁、五情诗。雅道甚古。特为舍人韦悫所知，力荐于礼部侍郎裴休，大中四年张温琪榜中第。看榜日上主司诗云："一辞桂岩猿，九泣都门月。年年孟春至，看花如看雪。"杏园宴间呈同年云："歧路不在天，十年行不至。一旦公道开，青云在平地。"又云："匆匆出九衢，童仆颜色异。故衣未及换，尚有去年泪。"又云："永持共济心，莫起胡越意。"佳句类此甚多。志特勤苦。仕至洋州刺史。有集一卷，今传。

郑嵎

嵎字宾光。大中五年李部榜进士。有集一卷名《津阳门诗》。津阳即华清宫之外阙，询求父老，为诗百韵，皆纪明皇时事者也。

刘驾

驾字司南，大中六年礼部侍郎崔屿下进士。初与曹邺为友，深相结，俱工古风诗。邺既擢第，不忍先归，待长安中，驾成名，乃同归彭蠡故山。时国家复河、湟故地，有归马放牛之象，驾献《乐府十章》，序曰："驾生唐二十八年，获见明天子以德归河、湟，臣得与天下夫妇复为太平人，恨愚且贱，不得拜舞上前，作诗十篇，虽不足贡声宗庙，形容盛德，愿与耕稼陶渔者歌江湖田野间，亦足自快。"诗奏，上甚悦，累历达官。驾诗多比兴含蓄，体无定规，意尽即止，为时所宗。今集一卷，行于世。

方干

干字雄飞，桐庐人。幼有清才，散拙无营务。大中中，举进士不第，隐居镜湖中。湖北有茅斋，湖西有松岛，每风清月明，携稚子邻叟，轻棹往返，甚惬素心。所住水木幽闷，一草一花，俱能留客。家贫蓄古琴，行吟醉卧以自娱。徐凝初有诗名，一见干器之，遂相师友，因授格律。干有赠凝诗云："把得新诗草里论。"时谓反语为"村里老"，疑干讥诮，非也。干貌陋，兔缺，性喜凌侮。王大夫廉问浙东，礼邀干至，误三拜，人号为"方三拜"。王公嘉其操，将荐于朝，托吴融草表，行有日，王公以疾逝去，事不果成。干早岁偕计往来两京，公卿好事者争延纳，名竟不入手。遂归，无复荣辱之念。浙中凡有园林名胜，辄造主人，留题几遍。初李频学干为诗，频及第，诗僧清越贺云："弟子已折桂，先生犹灌园。"咸通末卒。门人相与论德谋迹，谥曰"玄英先生"。乐安孙郃等缀其遗诗三百七十余篇为十卷，王赞论之曰："镂肌涤骨，冰莹霞绚。嘉肴自将，不吮余隽。丽不葩芬，苦不癯棘。当其得志，倏与神会。词若未至，意已独往。"郃亦论曰："其秀也仙蕊于常花。其鸣也灵鼍于众响。"观其所述，论不过矣。

古黔娄先生死，曾参与门人来吊。问曰："先生终，何以谥？”妻曰：“以康。”参曰：“先生存时，食不充肤，衣不盖形，死则手足不敛，傍无酒肉。生不美，死不荣，何乐而谥为‘康’哉。”妻曰：“昔先生国君用为相，辞不受，是有余贵也；君馈粟三十钟，辞不纳，是有余富也。先生甘天下之淡味，安天下之卑位，不戚戚于贫贱，不遑遑于富贵，求仁得仁，求义得义，谥之以‘康’，不亦宜乎？”方干，韦布之士，生称高尚，死谥“玄英”，其梗概大节，庶几乎黔娄者耶！

李频

频字得新，睦州寿昌人。少秀悟，长，庐西山，多记览，于诗特工。与同里方干为师友。给事中姚合时称诗颖，频不惮走千里丐其品第，合见大加奖挹，且爱其标格，即以女妻之。大中八年颜标榜擢进士，调校书郎，为南陵主簿。试判入等，迁武功令。频性耿介，难干以非理。赈饥民，戢豪右，于是京畿多赖，事事可传。懿宗嘉之，赐绯银鱼，擢侍御史。守法不阿，迁都官员外郎。表乞建州刺史，至则布条教，以礼治下。时盗所在冲突，惟建赖频以安。未几卒官下。榇随家归，父老相与扶柩哀悼，葬永乐州，为立庙于梨山，岁时祭祠，有灾沴必祷，垂福逮今。频诗虽出晚年，体制多与刘随州相抗，骚严风谨，惨惨逼人。有诗一卷，今行世。

李群玉

群玉字文山，澧州人也。清才旷逸，不乐仕进，专以吟咏自适，诗笔遒丽，文体丰妍。好吹笙，弄翰墨，如王、谢子弟，别有一种风流。亲友强之赴举，一上即止。裴相公休观察湖南，厚礼延致之郡中，尝勉之曰："处士被褐怀玉，浮云富贵，名高而身不知，神宝宁久弃荒途？子其行矣！"大中八年，以草泽臣来京，诣阙上表，自进诗三百篇。休适入相，复论荐，上悦之。敕授弘文馆校书郎。李频使君呼为从兄。归湘中，题诗二妃庙，是暮宿山舍，梦见二女子来曰："儿娥皇、女英也，承君佳句，徽珮将游于汗漫，愿相从也。"俄而影灭。群玉自是郁郁，岁余而卒。段成式为诗哭曰："曾话黄陵事，今为白日催。老无男女累，谁哭到泉台！"今有诗三卷、后集五卷行世。

夫澧浦古骚人之国，屈原仕遭谮毁，不知所诉，心烦意乱，赋为《离骚》。骚，愁也。已矣哉！国无人知我兮，又何怀乎故都？委身鱼腹，魂招不来。芳草萎蘙，萧艾参天，奚独一时而然也。群玉继禀修能，翱翔大化，人不知而不愠，禄不及而不言，望涔阳之亡极，挹杜兰之绪馨，款君门以披怀，沾一命而潜退，风景满目，宁无愧于古人。故其格调清越，而多登山临水、怀人送归之制，如"远客坐长夜，雨声孤寺秋。请量东海水，看取浅深愁"等句，已曲尽羁旅坎壈之情。壮心千里，于方寸不扰，亦大难矣。

卷　八

李郢

郢字楚望，大中十年崔铏榜进士及第。初居余杭，出有山水之兴，入有琴书之娱，疏于驰竞，历为藩镇从事，后拜侍御史。郢工诗，理密辞娴，个个珠玉，其清丽极能写景状怀，每使人竟日不能释卷。与清塞、贾岛最相善。时塞还俗，闻岛寻卒，郢重来钱塘，俱绝音响，感而赋诗曰："却到城中事事伤，惠休还俗贾生亡。谁人收得文章箧，独我重经苔藓房。一命未沾为逐客，万缘初尽别空王。萧萧竹坞残阳在，叶覆闲阶雪拥墙。"其他警策率类此。有集一卷，今传。

储嗣宗

嗣宗，大中十三年孔纬榜及第。与顾非熊先生相结好，大得诗名，苦思梦索，所谓逐句留心，每字著意，悠然尘外之想。览其所作，及见其人。警联如："绿毛辞世女，白发入壶翁。"又"片水明在野，万花深见人。"又"黄鹤有归语，白云无忌心。"又"蝉鸣月中树，风落客前花。"又"池亭千里月，烟水一封书。"又"鹤语松上月，花明云里春。"又"一酌水边酒，数声花下琴。"又"宿草风悲夜，荒村月吊人。"《哭彭先生》云："空阶鹤恋丹霄影，秋雨苔封白石床。"题闲居云："鸟啼碧树闲临水，花满青山静掩门。"等句，皆区区所当避舍者也。有集一卷，今传。

刘沧

沧字蕴灵，鲁国人也。体貌魁梧，尚气节，善饮酒，谈古今令人终日喜听。慷慨怀古，率见于篇。大中八年，礼部侍郎郑薰下进士。榜后进谒谢，薰曰："初谓刘君锐志，一第不足取。故人别来三十载不相知闻，谁谓今白头纷纷矣。"调华原尉。与李频同年。诗极清丽，句法绝同赵嘏、许浑，若出一绚综然。诗一卷，今传。

陈陶

陶，字嵩伯，鄱阳剑浦人。尝举进士辄下，为诗云："中原不是无麟凤，自是皇家结网疏。"颇负壮怀，志远心旷，遂高居不求进达，恣游名山，自称"三教布衣"。大中中，避乱入洪州西山，学神仙，咽气有得，出入无间。时严尚书宇牧豫章，慕其清操，尝备斋供，俯就山中，挥尘谈终日。欲试之，遣小妓莲花往侍，陶笑不答。莲花赋诗求去曰："莲花为号玉为腮，珍重尚书送妾来。处士不生巫峡梦，虚劳云雨下阳台。"陶赋诗赠之云："近来诗思清于水，老去风情薄似云。已向升天得门户，锦衾深愧卓文君。"宇见诗益嘉贞节。陶金骨已坚，戒行通体，夜必鹤氅焚香巨石上，鸣金步虚，礼星月，少寐。所止茅屋，风雷汹汹不绝。忽一日不见，惟鼎灶杵臼依然。开宝间，有樵者入深谷，犹见无恙，后不知所终。陶工赋诗，无一点尘气，于晚唐诸人中，最得平淡，要非时流所能企及者。有《文录》十卷，今传于世。

郑巢

巢，钱塘人，大中间举进士。时姚合号诗宗，为杭州刺史，巢献所业，日游门馆，累陪登览燕集，大得奖重，如门生礼。效合体格，能服膺无斁，句意清新。巢性疏野，两浙湖山，寺宇幽胜，多名僧，外学高妙，相与往还酬酢，竟亦不仕而终。有诗一卷，今传。

于武陵

武陵名邺，以字行，杜曲人也。大中时，尝举进士，不称意，携书与琴往来商洛巴蜀间，或隐于卜中，存独醒之意。避地嘿嘿，语不及荣贵，少与时辈交游。尝南来至潇湘，爱河洲芳草，况是古骚人旧国，风景不殊，欲卜居未果，归老嵩阳别墅。诗多五言，兴趣飘逸多感，每终篇一意，策名当时。集一卷，今传。

来鹏

鹏，豫章人，家徐孺子亭边，林园自乐，师韩、柳为文。大中、咸通间，才名籍甚。鹏工诗，蓄锐既久，自伤年长，家贫不达，颇亦忿忿，故多寓意讥讪。当路虽赏清丽，不免忤情，每为所忌。如《金钱花》云："青帝若教花里用，牡丹应是得钱人。"《夏云》云："无限旱苗枯欲尽，悠悠闲处作奇峰。"《偶题》云："可惜青天好雷电，只能惊起懒蛟龙。"坐是凡十上不得第。韦岫尚书独赏其才，延待幕中，携以游蜀。

又欲纳为婿，不果。是年力荐，夏课卷中献诗有云：“一夜绿荷风剪破，嫌它秋雨不成珠。”岫以为不祥，果失志。时遭广明庚子之乱，鹏避地游荆、襄，艰难险阻，南返。中和客死于维扬。逆旅主人贤，收葬之。有诗一卷，今传于世。

温庭筠

庭筠字飞卿，旧名岐，并州人，宰相彦博之孙也。少敏悟，天才雄赡，能走笔成万言。善鼓琴吹笛，云：“有弦即弹，有孔即吹，何必爨桐与柯亭也。”侧词艳曲，与李商隐齐名，时号“温、李”。才情绮丽，尤工律赋。每试押官韵，烛下未尝起草，但笼袖凭几，每一韵一吟而已。场中曰“温八吟”。又谓八叉手成八韵，名“温八叉”。多为邻铺假手。然薄行无检幅，与贵胄裴诚、令狐滈等饮博。后中夜尝醉诟狭邪间，为逻卒折齿，诉不得理。举进士，数上又不第。出入令狐相国书馆中，待遇甚优。时宣宗喜歌《菩萨蛮》，绹假其新撰进之，戒令勿泄，而遽言于人。绹又尝问玉条脱事，对以“出《南华经》”，且曰：“非僻书，相公燮理之暇，亦宜览古。”又有言曰：“中书省内坐将军。”讥绹无学。由是渐疏之。自伤云：“因知此恨人多积，悔读《南华》第二篇。”徐商镇襄阳，辟巡官，不得志，游江东。大中末，山北沈侍郎主文，特召庭筠试于帘下，恐其潜救。是日不乐，逼暮，先请出，仍献启千余言，询之，已占授八人矣。执政鄙其所为，留长安中待除。宣宗微行，遇于传舍，庭筠不识，傲然诘之曰：“公非司马、长史之流乎？”又曰：“得非六参、簿尉之类？”帝曰：“非也。”后谪方城尉。中书舍人裴坦当制，忸怩含毫久之，词曰：“孔门以德行居先，文章为末。尔既早随计吏，宿负雄名，徒夸不羁之才，罕有适时之用。放骚人于湘浦，移贾谊于长沙，尚有前席之期，未爽抽毫之思。”庭筠之官，文士诗人争赋诗祖饯，惟纪唐夫擅场，曰：“凤凰诏下虽沾命，鹦鹉才高却累身。”唐夫举进士，有词名。庭筠仕终国子助教，竟流落而死。今有《汉南真稿》十卷、《握兰集》三卷、《金筌集》十卷、《诗集》五卷，及《学海》三十卷；又《采茶录》一卷，及著《乾膘子》一卷。《序》云“不爵不觥，非炰非炙，能悦诸心，庶乎乾膘之义欤！”并传于世。

鱼玄机

玄机，长安人，女道士也。性聪慧，好读书，尤工韵调，情致繁缛。咸通中及笄，为李亿补阙侍宠。夫人妒，不能容，亿遣隶咸宣观披戴。有怨李诗云：“易求无价宝，难得有心郎。”与李郢端公同巷，居止接近，诗筒往返；复与温庭筠交游，有相寄篇什。尝登崇真观南楼，睹新进士题名榜，赋诗曰：“云峰满目放春情，历历银钩指下生。自恨罗衣掩诗句，举头空羡榜中名。”观其志意激切，使为一男子，必有用之才，作者颇赏怜之。时京师诸宫宇女郎，皆清俊济楚，簪星曳月，惟以吟咏自遣，玄机杰出，多见酬酢云。有诗集一卷，今传。

邵谒

谒，韶州翁源县人。少为县厅吏，客至苍卒，令怒其不揞床迎侍，逐去。遂截髻著县门上，发愤读书。书堂距县十余里，隐起水心。谒平居如里中儿未着冠者，发鬅鬙，野服。苦吟，工古调。咸通七年，抵京师，隶国子监。时温庭筠主试，悯擢寒苦，乃榜谒诗三十余篇以振公道，曰："前件进士，识略精微，堪裨教化；声词激切，曲备风谣。标题命篇，时所难著；灯烛之下，雄辞卓然。诚宜榜示众人，不敢独专华藻，仍请申堂，并榜礼部。"已而释褐后赴官，不知所终。它日县民祠神者，持帻舞铃，忽自称"邵先辈降"。乡里前辈皆至作礼，问曰："今者辱来，能强为我赋诗乎？"巫即书一绝云："青山山下少年郎，失意当时别故乡。惆怅不堪回首望，隔溪遥见旧书堂。"词咏凄苦，虽椽笔不逮。乡老中晓声病者，至为感泣咨嗟。今有诗一卷传于世。

于濆

濆字子漪，咸通二年裴延鲁榜进士。患当时作诗者拘束声律而入轻浮，故作《古风》三十篇以矫弊俗，自号《逸诗》。今一卷，传于世。

观唐诗至此间，弊亦极矣。独奈何国运将弛，士气日丧，文不能不如之。嘲云戏月，刻翠粘红。不见补于采风，无少裨于化育。徒务巧于一联，或伐善于只字，悦心快口，何异秋蝉乱鸣也。于濆、邵谒、刘驾、曹邺等能反棹下流，更唱喑俗，置声禄于度外，患大雅之凌迟，使耳厌郑、卫而忽洗云和，心醉醇醲而乍爽玄酒，所谓清清泠泠，愈病析酲，逃空虚者，闻人足音，不亦快哉！晋处士戴颙春日携斗酒，往树下听黄鹂曰"此俗耳针砭，诗肠鼓吹"者，岂徒然哉！于数子亦云。

李昌符

昌符字岩梦，咸通四年礼部侍郎萧仿下进士。工诗，在长安与郑谷酬赠。仕终膳部员外郎。尝作《奴婢》诗五十首，有云：“不论秋菊与春花，个个能噇空肚茶。无事莫教频入库，每般闲物要些些”等句。后为“御史劾奏，以为轻薄为文，多妨政务。亏严重之德，唱诽戏之风。”谪去，匏系终身。有诗集一卷，行于世。

翁绶

绶，咸通六年中书舍人李蔚下进士。工诗，多近体，变古乐府，音韵虽响，风骨憔悴，真晚唐之移习也。后亦间关，名不甚显。固知“闾巷之人，欲砥行立名者，非附青云之士，恶能施于后世哉！”有诗，今传。

汪遵

遵，宣州泾县人。幼为小吏，昼夜读书良苦，人皆不觉。咸通七年韩衮榜进士。遵初与乡人许棠友善，工为绝句诗，而深自晦密。以家贫难得书，必借于人，彻夜强记，棠实不知。一旦辞役就贡，棠时先在京师，偶送客至灞、浐间，忽遇遵于途，行李索然，棠讯之曰：“汪都何事来？”都者吏之呼也。遵曰：“此来就贡。”棠怒曰：“小吏不忖，而欲与棠同研席乎？”甚侮慢之。后遵成名五年棠始及第。洛中有李相德裕平泉庄，佳景殊胜，李未几坐事贬朱崖，遵过题诗云：“平泉风景好高眠，水色岚光满目前。刚欲平它不平事，至今惆怅满南边。”又过杨相宅诗云：“倚伏从来事不遥，无何平地起青霄。才到青霄却平地，门对古槐空寂寥。”俱为时人称赏，其余警策称是。有集今传。

汪遵，泾之一走耳，拔身卑污，夺誉文苑，家贫借书，以夜继日，古人阅市偷光，殆不过此。昔沟中之断，今席上之珍，丈夫自修，不当如是耶？与夫朱门富家，积书万卷，束在高阁，尘暗签轴，蠹落帙帷，网好学之名，欺盲聋之俗，非三变之败，无一展之期，谚曰："金玉有余，买镇宅书。"呜呼哀哉！

沈光

光，吴兴人，咸通七年礼部侍郎赵骘下进士。工文章古诗，标致翘楚，大得美称。尝作《洞庭张乐赋》，韦岫见之曰："此乃一片宫商也。"又如《太白酒楼记》等文，皆仪表于世。有诗集及《云梦子》五卷，并传世。光风鉴澄爽，神情俊迈，后仕终侍御史云。

赵牧

牧，不知何处人。大中、咸通中累举进士不第。有俊才，负奇节，遂舍场屋，放浪人间。效李长吉为歌诗，颇涉狂怪，耸动当时。蹙金结绣，而无痕迹装染。其余轻巧之词甚多。同时有刘光远，亦慕长吉，凡作体效犹能埋没意绪，竟不知所终。俱有诗传世。

罗邺

邺，余杭人也。家赀巨万。父则，为盐铁吏。子二人，俱以文学干进，邺尤长律诗。时宗人隐、虬俱以声格著称，遂齐名，号“三罗”。隐雄丽而坦率，邺清致而联绵，虬则区区而已。咸通中，数下第，有诗云：“故乡依旧空归去，帝里如同不到来。”崔安潜侍郎廉问江西，邺适飘蓬湘浦间，崔素赏其作，志在弓旌，竟为幕吏所沮。既而俯就督邮，不得志，踉跄北征，赴职单于牙帐。邺去家逾远，万里沙漠，满目谁亲，因兹举事阑珊无成，于邑而卒。

邺素有英资，笔端超绝，其气宇亦不在诸人下。初无箕裘之训，顿改门风，崛兴音韵，驰誉当时，非易事也。而跋前踕后，绝域无聊，独奈其命薄何？孔子曰“才难”，信然。有诗集一卷，今传。

胡曾

曾，长沙人也。咸通中进士。初，再三下第，有诗云：“翰苑几时休嫁女，文昌早晚罢生儿。上林新桂年年发，不许闲人折一枝。”曾天分高爽，意度不凡，视人间富贵亦悠悠。游历四方，马迹穷岁月，所在必公卿馆谷。上交不谄，下交不渎，奇士也。尝为汉南节度从事。作《咏史诗》，皆题古君臣争战兴废尘迹。经览形胜，关山亭障，江海深阻，一一可赏。人事虽非，风景犹昨，每感辄赋，俱能使人奋飞，至今庸夫孺子，亦知传诵。后有拟效者，不逮矣。至于近体律绝等，哀怨清楚，曲尽幽情，擢居中品，不过也。惜其才茂而身未颖脱，痛哉！今《咏史诗》一卷，有咸通中人陈盖注，及《安定集》十卷行世。

李山甫

山甫，咸通中累举进士，不第。落魄有不羁才，须髯如戟，能为青白眼。平生憎俗子，尚豪侠，虽箪食豆羹，自甘不厌。为诗托讽，不得志，每狂歌痛饮，拔剑斫地，少摅郁郁之气耳。后流寓河朔间，依乐彦桢为魏博从事，不得众情，以陵傲之故，无所遇。尝有《老将》诗曰："校猎燕山经几春，雕弓白羽不离身。年来马上浑无力，望见飞鸿指拟人。"此伤其蹇薄无成，时人怜之。后不知所终。山甫诗文激切，耿耿有奇气，多感时怀古之作。今集一卷、赋二卷，并传。

曹唐

唐字尧宾，桂州人。初为道士，工文赋诗。大中间，举进士；咸通中，为诸府从事。唐与罗隐同时，才情不异。唐始起清流，志趣澹然，有凌云之骨，追慕古仙子高情，往往奇遇，而己才思不减前人，遂作《大游仙诗》五十篇，又《小游仙诗》等，纪其悲欢离合之要，大播于时。唐尝会隐，各论近作，隐曰："闻兄《游仙》之制甚佳，但中联云：'洞里有天春寂寂，人间无路月茫茫。'乃是鬼耳！"唐笑曰："足下牡丹诗一联，乃咏女子障：'若教解语应倾国，任是无情也动人。'"于是座客大笑。唐生平之志甚激昂，至是薄宦，颇自郁悒，为《病马》诗以自况，警联如："尾盘夜雨红丝脆，头捽秋风白练低。"又云："风吹病骨无骄气，土蚀骢花见卧痕。"又云："饮惊白露泉花冷，吃怕清秋豆叶寒。"皆脍炙人口。忽一日，昼梦仙女莺服花冠，衣如烟雾，倚树吟唐咏天台刘阮诗，若欲相招而去者。唐惊觉，颇怪之，明日暴病卒，亦感忆之所致也。有诗集二卷，今传于世。

人云：“有德者或无文，有文者或无德。”文德兼备，古今所难。《典论》谓“文人相轻，从古而然，各以所长，相轻所短”。矛盾之极则是非蜂起，隙始于毫末，祸大于丘山，前后类此多矣。夫以口舌常谈，无益无损，每至丧清德，负良友，承轻薄子之名，乏藏疾匿瑕之量，如此，功业未见其超者矣。君子所慎也。

皮日休

日休字袭美，一字逸少，襄阳人也。隐居鹿门山，性嗜酒，癖诗，号“醉吟先生”，又自称“醉士”，且傲诞，又号“间气布衣”，言己天地之间气也。以文章自负，尤善箴铭。咸通八年礼部侍郎郑愚下及第，为著作郎，迁太常博士。时值末年，虎狼放纵，百姓手足无措，上下所行皆大乱之道，遂作《鹿门隐书》六十篇，多讥切谬政。有云：“毁人者自毁之，誉人者自誉之。”又曰：“不思而立言，不知而定交，吾其惮也。”又曰：“古之杀人也怒，今之杀人也笑。”又曰：“古之置吏也将以逐盗，今之置吏也将以为盗”等，皆有所指云尔。日休性冲泊无营，临难不惧。乾符丧乱，东出关，为毗陵副使，陷巢贼中，巢惜其才，授以翰林学士。日休惶恐踢踧，欲死未能，劫令作谶文以惑众，曰：“欲知圣人姓，田八二十一；欲知圣人名，果头三屈律。”贼疑其裹恨必讥己，遂杀之，临刑神色自若，知与不知皆痛惋也。日休在乡里，与陆龟蒙交拟金兰，日相赠和。自集所为文十卷，名《文薮》，及诗集一卷，《滑台集》七卷，又著《皮氏鹿门家钞》九十卷，并传。

夫次韵唱酬，其法不古，元和以前，未之见也。暨令狐楚、薛能、元稹、白乐天集中，稍稍开端，以意相和之法，渐废间作。逮日休、龟蒙，则飙流顿盛，犹空谷有声，随响即答。韩偓、吴融以后，守之愈笃，汗漫而无禁也。于是天下翕然，顺下风而趋，至数十反而不已，莫知非焉。夫才情敛之不盈握，散之弥八纮，遣意于词间，寄兴于物表。或上下出入，纵横流散，游刃所及，孰非我有。本无拘缚涊澀之忌也。今则限以韵声，莫违次第。得佳韵则杳不相干，岨峿难入；有当事则韵不能强，进退双违。必至窘束长才，牵接非类，求无瑕片玉，千不遇焉，诗家之大弊也。更以言巧称工，夸多斗丽，足见其少雍容之度。然前修有恨其迷途既远，无法以救之矣。

陆龟蒙

龟蒙字鲁望，姑苏人。幼而聪悟，有高致，明《春秋》，善属文，尤能谈笑。诗体江、谢，名振全吴。家藏书万卷，少无声色之娱。举进士，一不中。尝从张搏游历湖、苏二州，将辟以自佐。又尝至饶州，三日无所诣，刺吏率官属就见，龟蒙不乐，拂衣去。居松江甫里，多所撰论。有田数百亩，屋三十楹；田苦下，雨涝则与江通，故常饥。身自畚锸，茠刺无休时，或讥其劳，答曰："尧、舜霉瘠，禹胼胝，彼圣人也。吾一褐衣，敢不勤乎？"龟蒙嗜饮茶，置小园顾渚山下，岁入茶租，薄为瓯蚁之费。著书一编，继《茶经》《茶诀》之后。又判品张又新《水说》为七种。好事者虽惠山、虎丘、松江，不远百里为致之。又不喜与流俗交，虽造门亦罕纳。不乘马，每寒暑得中，体无事时，放扁舟，挂篷席，赍束书、茶灶、笔床、钓具，鼓棹鸣榔，太湖三万八千顷，水天一色，直入空明。或往来别浦，所诣少不会意，径往不留。自称“江湖散人”，又号“天随子”“甫里先生”。汉涪翁、渔父、江上丈人，尝谓即已。后以高士征，不至。苦吟，极清丽。与皮日休为耐久交。中和初，遘疾卒。吴融诔文曰：“霏漠漠，淡涓涓；春融冶，秋鲜妍。触即碎，潭下月；拭不灭，玉上烟。”今有《笠泽丛书》三卷，诗编十卷，赋六卷，并传。

司空图

图字表圣，河中人也。父舆，大中时为商州刺史。图咸通十年归仁绍榜进士。主司王凝初典绛州，图时方应举，自别墅到郡上谒，去，阍吏遽申：“司空秀才出郭门。”后复入郭访亲知，即不造郡斋。公谓其尊敬，愈重之。及知贡举，图第四人捷，同年鄙薄者谤曰：“此司空图得一名也。”公颇闻，因宴全榜，宣言曰：“凝叨忝文柄，今年榜贴，专为司空先辈一人而已。”由是名益振。未几，凝为宣、歙观察使，辟置幕府，召拜殿中侍御史。不忍去凝府，台劾，左迁光禄寺主簿。卢相携还朝，过陕、虢，访图，深爱重，留诗曰：“氏族司空贵，官班御史雄。老夫如且在，未可叹途穷。”就属于观察使卢渥曰：“司空御史，高士也。”渥遂表为僚佐。携执政，召拜礼部员外郎，寻迁郎中。丁黄巢乱，间关至河中，僖宗次凤翔，知制诰、中书舍人。景福中，拜谏议大夫，不赴。昭宗在华州，召为兵部侍郎，以足疾自乞，听还。图家本中条山王官谷，有先人田庐，遂隐不出，作亭榭素室，悉画唐兴节士文人像。尝曰：“某宦情萧索，百事无能，量才一宜休，揣分二宜休，耄而聩三宜休。”遂名其亭曰“三休”。作文以申志，自号“知非子”“耐辱居士”。言涉诡激不常，欲免当时之祸。初以风雨夜得古宝剑，惨淡精灵，尝佩出入。性苦吟，举笔缘兴，几千万篇。自致于绳检之外，豫置冢棺，遇胜日，引客坐圹中，赋诗酌酒，沾醉高歌。客有难者，曰：“君何不广耶？先死一致，吾宁暂游此中哉！”岁时祠祷，与闾里父老鼓舞相乐。时寇盗所过齑粉，独不入谷中，知图贤，如古王蠋也。士民依以避难。后闻哀帝遇弑，不食扼腕，呕血数升而卒，年七十有二。先撰自为文于濯缨亭一鸣窗，今有《一鸣集》三十卷，行于世。

僧虚中

虚中，袁州人。少脱俗从佛，而读书不辍。工吟咏。居玉笥山二十寒暑，后来游潇湘，与齐己、顾栖蟾等为诗友。住湘西栗成寺。长沙马侍中希振敬爱之，每其来，延纳于书阁中。虚中好炙柴火烧豆煮茶，烟熏彩翠尘暗，去必复饰，初不介意。尝题阁中曰：“嘉鱼在深处，幽鸟立多时。”益见赏重。时司空图悬车告老，却扫闭门，天下怀仰，虚中欲造见论交，未果，因归华山，寄以诗曰：“门径放莎垂，往来投刺稀。有时开御札，特地挂朝衣。岳信僧传去，天香鹤带归。他时周召化，无复更衰微。”图得诗大喜，言怀云：“十年华岳山前往，只得虚中一首诗。”其见重如此。今有《碧云集》一卷。传于世。顾栖蟾者，亦洞庭人，以声律闻，今不见其作也。

周繇

繇，江南人。咸通十三年郑昌图榜进士，调福昌县尉。家贫，生理索寞，只苦篇韵，俯有思，仰有咏，深造阃域，时号为“诗禅”。警联如《送人尉黔中》云：“公庭飞白鸟，官俸请丹砂。”《望海》云：“岛间应有国，波外恐无天。”《甘露寺》云：“殿锁南朝像，龛禅外国僧。”又：“山从平地有，水到远天无。”又：“白云连晋阁，碧树尽芜城。”江州上薛能尚书云：“树翳楼台月，帆飞鼓角风。”又：“郡斋多岳客，乡户半渔翁”等句甚多，读之使人竦然，诚好手也。落拓杯酒，无荣辱之累。所交游悉一时名公。集今传世。同登第有张演者，工诗，间见一二篇，亦佳作也。

尝谓禅家者流，论有大、小乘，有邪正法，要能具正法眼，方为第一义，出有无间。若声闻、辟支、四果，已非正也，况又堕野狐外道鬼窟中乎？言诗亦然。宗派或殊，风义必合。品则有神妙，体则有古今，才则有圣凡，时则有取舍。自魏、晋以降，递至盛唐，大历、元和以下，逮晚年，考其时变，商其格制，其邪正了然在目，不能隐也。经云：“过而不能改，是谓过矣。”悟门洞开，慧灯深照，顿渐之境，各天所赋。观于时以诗禅许周繇，为不入于邪见，能致思于妙品，固知其衣冠于裸人之国矣。昔人谓学诗如学仙，此之类欤！

卷　九

崔道融

道融，荆人也。自号“东瓯散人”。与司空图为诗友。出为永嘉宰。工绝句，语意妙甚。如《铜雀妓》云“歌咽新翻曲，香销旧赐衣。陵园风雨暗，不见六龙归”，《春闺》云“寒食月明雨，落花香满泥。佳人持锦字，无雁寄征西”，《寄人》云“澹澹长江水，悠悠远客情。落花相与恨，到地一无声”，《寒食夜》云“满地梨花白，风吹碎月明。大家寒食夜，独贮远乡情”等尚众。谁谓晚唐间忽有此作，使古人复生，亦不多让，可谓“出乎其类，拔乎其萃”者矣。人悉推服其风情雅度，犹恨出处未能梗概之也。有《申唐集》十卷，自序云：“乾宁乙卯夏，寓永嘉山斋，收拾草稿，得五百余篇。”今存于世。

聂夷中

夷中字坦之，河南人也。咸通十二年礼部侍郎高湜下进士，与许棠、公乘亿同袍。时兵革多务，不暇铨注，夷中滞长安久，皂裘已敝，黄粮如珠，始得调华阴县尉，之官惟琴书而已。性俭，久沈草泽，备尝辛楚，率多伤俗闵时之作，哀稼穑之艰难。适值险阻，进退惟谷；才足而命屯，有志卒爽，含蓄讽刺，亦有谓焉。古乐府尤得体，皆警省之辞，裨补政治，乐而不淫，哀而不伤，正《国风》之义也。有诗一卷，今传。

许棠

棠字文化，宣州泾人也。苦于诗文，性僻少合。既久困名场，时马戴佐大同军幕，为词宗，棠往谒之，一见如旧交，留连累月，但从事诗酒而已，未尝问所欲。一旦大会宾客，命使以棠家书授之，棠惊愕不喻其来，启缄，即知戴潜遣一介恤其家矣。古人温良泛爱，振穷周急，廉退不伐，亦皆绝异之姿也。咸通十二年李筠榜进士及第，时及知命。尝曰："自得一第，稍觉筋骨轻健，愈于少年。则知一名乃孤进之还丹也。"调泾县尉，之官，郑谷送诗曰："白头新作尉，县在故山中。高第能卑宦，前贤尚此风。"后潦倒辞荣。初作《洞庭》诗，脍炙人口，时号"许洞庭"云。今集一卷，传世。

公乘亿

亿字寿山，咸通十二年进士。善作赋，擅名场屋间，时取进者，法之命中。有赋集十二卷，诗集一卷，今传。

章碣

碣，钱塘人，孝标之子也。累上著不第，咸通末，以篇什称。乾符中，高湘侍郎自长沙携邵安石来京及第，碣恨湘不知己，赋《东都望幸》诗曰："懒修珠翠上高台，眉月连妍恨不开。纵使东巡也无益，君王自领美人来。"后竟流落不知所终。碣有异才，尝草创诗律于八句中，足字平侧，各从本韵，如"东南路尽吴江畔，正是穷愁薄暮天。鸥鹭不嫌斜雨岸，波涛欺得逆风船。偶逢岛寺停帆看，深羡渔翁下钓眠。今古若论英达算，鸱夷高兴固无边。”自称“变体”。当时起风者亦纷纷而起也。今有诗一卷，传于世。

唐彦谦

彦谦字茂业，并州人也。咸通末，举进士及第。中和，王重荣荐河中从事，历节度副使，晋、绛二州刺史。重荣遇害，彦谦贬汉中掾。兴元节度使杨守亮留署判官，寻迁副使，为阆州刺史，卒。彦谦才高负气，毫发逆意，大怒叵禁。博学足艺，尤长于诗，亦其道古心雄，发言不苟，极能用事，如自己出。初师温庭筠，调度逼似，故多纤丽之词；后变淳雅，尊崇工部。唐人效甫者惟彦谦一人而已。自号“鹿门先生”。有诗集传于世，薛廷珪序云。

林嵩

嵩字降臣，长乐人也。乾符二年礼部侍郎崔沆下进士，官至秘书省正字。工诗善赋，才誉与公乘亿相高，功名之士，翕然而慕之。有诗一卷、赋一卷，传于世。

高蟾

蟾河朔间人。乾符三年孔缄榜及第。与郑郎中谷为友，酬赠称高先辈。初，累举不上，题省墙间曰：“冰柱数条搘白日，天门几扇锁明时。阳春发处无根蒂，凭仗东风次第吹。”怨而切。是年人论不公。又《下第上马侍郎》云：“天上碧桃和露种，日边红杏倚云栽。芙蓉生在秋江上，莫向春风怨未开。”意亦凄楚。马怜之。又有“颜色如花命如叶”之句，自况时运蹇窒。马因力荐，明年，李昭知贡举，遂擢桂。官至御史中丞。蟾本寒士，遑遑于一名，十年始就。性倜傥离群，稍尚气节，人与千金，无故，即身死亦不受。其胸次磊块，诗酒能为消破耳。诗体则气势雄伟，态度谐远，如狂风猛雨之来，物物竦动，深造理窟，亦一奇逢掖也。诗集一卷，今传。

高骈

骈字千里，幽州人也，崇文之孙。少闲鞍马弓刀，善射，有膂力。更刬锐为文学，与诸儒交，硁硁谈治道。初事朱叔明为府司马，迁侍御史。一日校猎围合，有双雕并飞，骈曰：“我后大富贵，当贯之。”遂一发联翩而坠。众大惊，号“落雕御史”。骈为西川节度，筑成都城四十里，朝廷疑之，以宴间咏风筝云：“依稀似曲才堪听，又被风吹别调中。”明日诏下，移镇渚宫，亦谶之类也。仕至平章事，封渤海郡王。初，骈以战讨之勋，累拜节度，手握王爵，口含天宪，国家倚之。时巢贼日益甚，两京亦陷，大驾蒙尘，遂无勤王之意，包藏祸心，欲便徼幸。帝知之，以王铎代为都统，加侍中。骈失兵柄，攘袂大诟。一旦失势，威望顿尽。方且弃人间事，绝女色，属意神仙。鄱阳商侩吕用之会妖术，役鬼神，及狂人诸葛殷、张守一等相引而进，多为谬悠长年飞化之说，羽衣鹤氅，诡辩风生。骈事之若神，造迎仙楼，高八十尺，日同方士登眺，计鸾笙在云表而下。用之等叱咤风雷，或望空揖拜，言睹仙过，骈辄随之。用之曰：“玉皇欲补公真官，吾谪限亦满，必当陪幢节同归上清耳。”其造怪不可胜纪。至以用之、守一、殷等为将，分掌兵符，皆称将军，开府置官属，礼与骈均。卒至叛逆首乱，磔尸道途，死且不悟。裹骈以破毡，与子弟七人一坎而瘗，名书于唐史《叛臣传》，亦何足道哉！有诗一卷，今传。大顺中，谢蟠隐为之序。

牛峤

峤字延峰，陇西人，宰相僧孺之后。博学有文，以歌诗著名。乾符五年孙偓榜第四人进士。仕历拾遗、补阙、尚书郎。王建镇西川，辟为判官。及伪蜀开国，拜给事中，卒。有集，本三十卷，自序云：“窃慕李长吉所为歌诗，辄效之。”今传于世。

钱珝

珝，吴兴人，起之孙也。乾宁六年郑谠榜及第。昭宗时，仕为中书舍人。工诗。有集传于世。

赵光远

光远，丞相隐之犹子也。幼而聪悟。咸通、乾符中，称气焰。善为诗。温庭筠、李商隐辈梯媒之。恃才不拘小节，皆金鞍骏马。尝将子弟恣游狭邪，著《北里志》，颇述青楼红粉之事，及有诗等传于世。

光远等千金之子，厌饫膏粱，仰荫承荣，视若谈笑，骄侈不期而至矣。况年少多才，京邑繁盛，耳目所荡，素少闲邪之虑者哉，故辞意多裙裾妖艳之态，无足怪矣！有孙启、崔珏同时恣心狂狎，相为唱和，颇陷轻薄，无退让之风。惟卢弼气象稍严，不迁狂惑，如《边庭四时怨》等作，赏音大播，信不偶然。区区凉德，徒曰贵介，不暇录尚多云。

周朴

朴字见素，长乐人，嵩山隐君也。工为诗，抒思尤艰，每有所得，必极雕琢，时诗家称为月锻季炼。未及成篇，已播人口，取重当时如此。贯休尤与往还，深为怜才。而朴本无夺名竞利之心，特以道尊德贵，声价益超耳。乾符中，为巢贼所得，以不屈，竟及于祸，远近闻之，莫不流涕。林嵩得其诗百余篇，为二卷，僧栖浩序首，今传于世。

周朴山林之癯，槁衣粝食，以为黔娄、原宪，不殄天物，庶足保身而长年。今则血染缊袍，魂散茅宇，盗跖不仁，竟嚼虎口，天道福善祸淫，果何如哉！古称饰变诈伪奸轨者，自足乎一世之间；守道循理者，不免于饥寒之患。杀戮无辜，乱世之道。每读至止，未尝不废书抚髀欷歔也。

罗隐

隐字昭谏，钱塘人也。少英敏，善属文，诗笔尤俊拔，养浩然之气。乾符初举进士，累不第。广明中，遇乱归乡里。时钱尚父镇东南，节钺崇重，隐欲依焉，进谒投素作，卷首《过夏口》云："一个祢衡容不得，思量黄祖漫英雄！"镠得之大喜，以书辟之曰："仲宣远托刘荆州，盖因乱世；夫子乐为鲁司寇，祗为故乡。"隐曰："是不可去矣。"遂为掌书记。性简傲，高谈阔论，满座风生。好谐谑，感遇辄发。镠爱其才，前后赐予无数。陪从不顷刻相背。表迁节度判官、盐铁发运使。未几，奏授著作郎。镠初授镇，命沈崧草表谢，盛言浙西富庶。隐曰："今浙西焚荡之余，朝臣方切贿赂，表奏，将鹰犬我矣。"镠请隐更之，有云："天寒而麋鹿曾游，日暮而牛羊不下。"又为贺昭宗改名表云："左则姬昌之半字，右为虞舜之全文。"作者称赏。转司勋郎中。自号"江东生"。魏博节度罗绍威慕其名，推宗人之分，拜为叔父，时亦老矣，尝表荐之。隐恃才忽睨，众颇憎忌。自以当得大用，而一第落落，传食诸侯，因人成事，深怨唐室。诗文凡以讥刺为主，虽荒祠木偶，莫能免者。且介僻寡合，不喜军旅，献酬俎豆间，绰绰有余也。隐初贫来赴举，过钟陵，见营妓云英有才思。后一纪，下第过之。英曰："罗秀才尚未脱白！"隐赠诗云："钟陵醉别十余春，重见云英掌上身。我未成名英未嫁，可能俱是不如人。"与顾云同谒淮南高骈，骈不礼。骈后为毕将军所杀，隐有延和阁之讥。又以诗投相国郑畋。畋有女殊丽，喜诗咏，读隐作至"张华漫出如丹语，不及刘侯一纸书"，由是切慕之，精爽飞越，莫知所从。隐忽来谒，女从帘后窥见迂寝之状，不复念矣。隐精法书，喜笔工苌凤，谓曰："笔，文章货也。今助子取高价。"即以雁头笺百幅为赠。士大夫踵门问价，一致千金，率多借重如此。所著《谗书》《谗本》《淮海寓言》《湘南应用集》《甲乙集》《外集》《启事》等，并行于世。

《易》戒毋以小善为无益而弗为，小恶为无伤而弗去也。罗隐以褊急性成，动必嘲讪，率成漫作，顷刻相传。以其事业非不五鼎也，学术非不经史也，夫何齐东野人、猥巷小子，语及讥诮，必以隐为称首。凋丧淳才，揄扬秽德。白日能蔽于浮云，美玉曾玷于青蝇，虽亦未必尽然，是皆阙慎微之义。阮嗣宗臧否不挂口，欲免其身，如滑稽玩世东方朔之流，又不相类也。

罗虬

虬词藻富赡，与族人隐、邺齐名，咸通间，称“三罗”，气宇终不逮。广明庚子乱后，去从鄜州李孝恭，为从事。虬狂荡无检束，时雕阴藉中有妓杜红儿，善歌舞，姿色殊绝，尝为副戎属意。会副戎聘邻道，虬久慕之，至是请红儿歌，赠以缯彩。孝恭以为副戎所盼，为从事歌则非礼，勿令受贶。虬不称意，怒，拂衣起，诘旦手刃杀之。孝恭以虬激己，坐之。顷会赦。虬追其冤，于是取古之美女有姿艳才德者，作绝句一百首，以比红儿，当时盛传。此外不见有他作。体固凡庸，无大可采。序曰：“红儿美貌年少，机智慧悟，不与群妓等。余知红者，择古灼然美色，优劣于章句间。”其卒章云：“花落尘中玉堕泥，香魂应上窈娘堤。欲知此恨无穷处，长倩城乌夜夜啼。”情极哀切。初以白刃相加，今曰“余知红者”，虬实一狂夫也。且声律之道大爽，姑录为笑谈耳。

崔橹

橹，广明间举进士。工为杂文，才丽而荡。诗慕杜紫微风范，警句绝多。如《梅花》云：“强半瘦因前夜雪，数枝愁向晚来天。”又：“初开已入雕梁画，未落先愁玉笛吹。”《莲花》云：“何人解把无尘袖，盛取清香尽日怜。”《山鹊》云：“一番春雨吹巢冷，半朵山花咽嘴香。”又《别题》云：“云生柱础降龙地，露洗林峦放鹤天”等，皆绮制精深，脍炙人口。颇嗜酒无德，尝醉辱陆肱郎中，旦日惭甚，为诗谢曰：“醉时颠蹶醒时羞，麹糵催人不自由。叵耐一双穷相眼，不堪花卉在前头。”陆亦谅之。悠悠乱世，竟无所成。橹诗善于状景咏物，读之如咽冰雪，心爽神怡，能远声病，气象清楚，格调俱高，中间别有一种风情，佳作也！佳作也！诗三百余篇，名《无机集》，今传。

秦韬玉

韬玉字中明，京兆人。父为左军军将。韬玉少有词藻，工歌吟，恬和浏亮。慕柏耆为人，然险而好进，谄事大阉田令孜，巧宦，未期年，官至丞郎、判盐铁、保大军节度判官。僖宗幸蜀，从驾。中和二年礼部侍郎归仁绍放榜，特敕赐进士及第，令于二十四人内安排，编入春榜。令孜引擢工部侍郎。韬玉歌诗每作，人必传诵。《贵公子行》云：“阶前莎毬绿未卷，银龟喷香挽不断。乱花织锦柳捻线，妆点池台画屏展。主人功业传国初，六亲联络驰朝车。斗鸡走狗家世事，抱来皆佩黄金鱼。却笑书生把书卷，学得颜回忍饥面。”又潇水出道州九疑山中，湘水出桂林海阳山中，经灵渠，至零陵，与潇水合，谓之“潇湘”，为永州二水也，清泚一色，高秋八九月，才丈余，浅碧见底，过衡阳，抵长沙，入洞庭。韬玉赋诗云：“女娲罗裙长百尺，搭在湘江作山色。”又云：“岚光楚岫和空碧，秋染湘江到底清。”由是大知名，号为绝唱。今有《投知小录》三卷行于世。

郑谷

谷字守愚，袁州宜春人。父史，开成中为永州刺史。谷幼颖悟绝伦，七岁能诗。司空侍郎图与史同院，见而奇之，问曰："予诗有病否?"曰："大夫《曲江晚望》云：'村南斜日闲回首，一对鸳鸯落渡头。'此意深矣。"图拊谷背曰："当为一代风骚主也！"光启三年，右丞柳玭下第进士。授京兆鄠县尉，迁右拾遗补阙。乾宁四年，为都官郎中，诗家称"郑都官"。又尝赋《鹧鸪》警绝，复称"郑鹧鸪"云。未几告归，退隐仰山书堂，卒于北岩别墅。谷诗清婉明白，不俚而切，为薛能、李频所赏。与许棠、任涛、张蠙、李栖远、张乔、喻坦之、周繇、温宪、李昌符唱答往还，号"芳林十哲"。谷多结契山僧，曰："蜀茶似僧，未必皆美，不能舍之。"齐己携诗卷来袁谒谷，《早梅》云："前村深雪里，昨夜数枝开。"谷曰："数枝非早也，未若一枝佳。"己不觉投拜，曰："我一字师也。"尝从僖宗登三峰，朝谒之暇，寓于云台道舍，编所作为《云台编》三卷，归编《宜阳集》三卷。及撰《国风正诀》一卷，分六门，摭诗联，注其比象君臣贤否，国家治乱之意，今并传焉。

齐己

齐己，长沙人，姓胡氏。早失怙恃。七岁颖悟，为大沩山寺司牧，往往抒思，取竹枝画牛背为小诗，耆宿异之，遂共推挽入戒。风度日改，声价益隆。游江海名山，登岳阳，望洞庭，时秋高水落，君山如黛，唯湘川一条而已，欲吟杳不可得，徘徊久之。来长安数载，遍览终南、条、华之胜。归过豫章，时陈陶近仙去，已留题有云："夜过修竹寺，醉打老僧门。"至宜春，投诗郑都官云："自封修药院，别下著僧床。"谷曰："善则善矣，一字未安。"经数日，来曰："'别扫'如何？"谷嘉赏，结为诗友。曹松、方干皆已良契。性放逸，不滞土木形骸，颇任琴樽之好。尝撰《玄机分别要览》一卷，摭古人诗联，以类分次，仍别讽、赋、比、兴、雅、颂；又撰《诗格》一卷。又与郑谷、黄损等共定用韵，为葫芦、辘轳、进退等格，并其诗《白莲集》十卷，今传。

崔涂

涂字礼山。光启四年郑贻矩榜进士及第。工诗，深造理窟，端能竦动人意，写景状怀，往往宣陶肺腑。亦穷年羁旅，壮岁上巴、蜀，老大游陇山。家寄江南，每多离怨之作。警策如"流年川暗度，往事月空明。"《巫娥》云："江山非旧主，云雨是前身。"又如"病知新事少，老别故交难"。《孤雁》云："渚云低暗度，关月冷相随。"《山寺》云："夕阳高鸟过，疏雨一钟残。"又："谷树云埋老，窗僧瀑照寒。"《鹦鹉州》云："曹瞒尚不能容物，黄祖何因解爱才？"《春夕》云："胡蝶梦中家万里，杜鹃枝上月三更。"《陇上》云："三声戍角边城暮，万里归心塞草春。"《过峡》云："五千里外三年客，十二峰前一望秋"等联，作者于此敛衽，意味俱远，大名不虚。有诗一卷，今传。

喻坦之

坦之，睦州人。咸通中举进士不第。久寓长安，囊罄，忆渔樵，还居旧山。与李建州频为友，频以诗送归云：“从容心自切，饮水胜衔杯。共在山中住，相随阙下来。修身空有道，取事各无媒。不信升平代，终遗草泽才。”又“彼此无依倚，东西又别离。”盖困于穷蹇，情见于辞矣。同时严维、徐凝、章八元枌榆相望，前后唱和亦多。诗集今传。

任涛

涛，筠川人也。章句之名早擅。乾符中，应数举，每败垂成。李常侍骘廉察江西，素闻涛名，取其诗览之，见云：“露抟沙鹤起，人卧钓船流。”大加赏叹曰：“任涛奇才也，何故不成名！会当荐之。”特与放乡里杂役，仍令本贯优礼。时盲俗互有论列，骘判曰：“江西境内，凡为诗得及涛者，即与放役，岂止一任涛而已哉。”未几，涛逝去，有才无命，大可怜也。诗集今传。

温宪

宪，庭筠之子也。龙纪元年李瀚榜进士及第，去为山南节度府从事。大著诗名。词人李巨川草荐表，盛述宪先人之屈，其略曰：“蛾眉先妒，明妃为去国之人；猿臂自伤，李广乃不侯之将。”上读表，恻然称美。时宰臣亦有知者，曰：“父以窜死，今孽子宜稍振之，以厌公议，庶几少雪忌才之恨。”上颔之，后迁至郎中，卒。有文集赋等传于世。

李洞

洞字才江，雍州人，诸王之孙也。家贫，吟极苦，至废寝食。酷慕贾长江，遂铜写岛像，戴之巾中。常持数珠念贾岛佛，一日千遍，人有喜岛诗者，洞必手录岛诗赠之，叮咛再四曰："此无异佛经，归焚香拜之。"其仰慕一何如此之切也。然洞诗逼真似岛，新奇或过之。时人多诮其僻涩，不贵其卓峭，唯吴融赏异。融以大才，八面受敌，新律著称，游刃颇攻《骚》《雅》。尝以百篇示洞，洞曰："大兄所示中一联：'暖漾鱼遗子，晴游鹿引麑。'绝妙也。"融不怨所鄙，而善其所许。洞诗大略如终南山云："残阳高照蜀，败叶远浮泾。劚竹烟岚冻，偷湫雨雹腥。远平丹凤阙，冷射五侯厅。"《赠司空图》云："马饥餐落叶，鹤病晒残阳。"又曰："卷箔清溪月，敲松紫阁书。"送僧云："越讲迎骑象，蕃斋忏射雕。"送僧游南海云："岛屿分诸国，星河共一天。"夜云："药杵声中捣残梦，茶铛影里煮孤灯。"皆伟拔时流者。昭宗时凡三上不第，裴公第二榜帘前献诗云："公道此时如不得，昭陵恸哭一生休。"果失意，流落往来，寓蜀而卒。初，岛任长江，乃东蜀，冢在其处，郑谷哭洞诗云："得近长江死，想君胜在生。"言死生不相远也。洞尝集岛警句五十联及唐诸人警句五十联为《诗句图》，自为之序；及所为诗一卷，并传。

吴融

融字子华，山阴人。初力学，富辞，调工捷。龙纪元年李瀚榜及进士第。韦昭度讨蜀，表掌书记坐累去官，流浪荆南，依成汭。久之召为左补阙，以礼部郎中为翰林学士，拜中书舍人。天复元年元旦，东内反正，既御楼，融最先至。上命于前座跪草十数诏，简备精当，曾不顷刻，皆中旨，大加赏激，进户部侍郎。帝幸凤翔，融不及从，去客阌乡，俄召为翰林承旨，卒。为诗靡丽有余，而雅重不足。集四卷及制诰一卷，并传。

韩偓

偓字致尧，京兆人。龙纪元年，礼部侍郎赵崇下擢第。天复中，王溥荐为翰林学士，迁中书舍人。从昭宗幸凤翔，进兵部侍郎、翰林承旨。尝与崔胤定策诛刘季述。昭宗反正，论为功臣。帝疾宦人骄横，欲去之，偓画策称旨，帝前膝曰："此一事终始属卿。"偓为荐座主御史大夫赵崇，时称能让。李彦弼倨甚，因谮偓漏禁省语，帝怒曰："卿有官属，日夕议事，奈何不欲我见韩学士耶？"帝励精政事，偓处可机密，率与上意合，欲相者三四，让不敢当。偓喜侵侮有位，朱全忠亦恶之，乃构祸，贬濮州司马。帝流涕曰："我左右无人矣！"天祐二年，复召为学士，偓不敢入朝，挈其族南依王审知而卒。偓自号"玉山樵人"。工诗，有集一卷，又作《香奁集》一卷，词多侧艳新巧，又作《金銮密记》五卷，今并传。

唐备

备，龙纪元年进士。工古诗，多涵讽刺，颇干教化，非浮艳轻斐之作。同时于濆者，共一机轴，大为时流所许。备诗有"天若无雪霜，青松不如草。地若无山川，何人重平道？"

又：“狂风拔倒树，树倒根已露。上有数枝藤，青青犹未悟！”又：“一日天无风，四溟波自息。人心风不吹，波浪高百尺。”又《别家》云：“兄弟惜分离，拣日皆言恶。”于渍《对花》云：“花开蝶满枝，花谢蝶来稀。惟有旧巢燕，主人贫亦归”等诗。发言浇俗，至今人话间，必举以为警戒，足见之矣。余诗多传。

王驾

驾字大用，蒲中人，自号“守素先生”。大顺元年，杨赞禹榜登第，授校书郎，仕至礼部员外郎，弃官嘉遁于别业。与郑谷、司空图为诗友，才名藉甚。图尝与驾书评诗曰：“国初雅风特盛，沈、宋始兴之后，杰出于江宁，宏思于李、杜极矣。右丞、苏州，趣味澄敻，若清流之贯远。大历十数公，抑又其次。元、白力勍而气孱，乃都市豪估耳。刘梦得、杨巨源亦各有胜会。浪仙、无可、刘得仁辈，时得佳致，亦足涤烦。厥后所闻，徒褊浅矣。河、汾蟠郁之气，宜继有人。今王生寓居其间，沉渍益久，五言所得，长于思与境偕，乃诗家之所尚者。则前所谓必推于其类，岂止神跃色扬而已哉。”驾得书，自以誉不虚己，当时价重乃如此也。今集六卷，行于世。

戴思颜

思颜，大顺元年杨赞禹榜进士及第，与王驾同袍。有诗名，气宇盘礴，每有过人，遂得名家，岂泛然矣。有集今传。

杜荀鹤

荀鹤字彦之，牧之微子也。牧会昌末自齐安移守秋浦，时妾有妊，出嫁长林乡正杜筠，生荀鹤。早得诗名，尝谒梁王朱全忠。与之坐，忽无云而雨，王以为天泣不祥，命作诗，称意，王喜之。荀鹤寒畯，连败文场，甚苦，至是遣送名春官，大顺二年裴贽侍郎下第八人登科。正月十日放榜，正荀鹤生朝也，王希羽献诗曰："金榜晓悬生世日，玉书潜记上升时。九华山色高千尺，未必高于第八枝。"荀鹤居九华，号"九华山人"。张曙拾遗亦工诗，又同年，尝醉谑曰："杜十五大荣，而得与曙同年。"荀鹤曰："是公荣。天下只知有荀鹤，若个知有张五十郎耶？"各大笑而罢。宣州田頵甚重之，常致笺问，梁王立荐为翰林学士。迁主客员外郎。颇恃势侮慢缙绅，为文多主箴刺，众怒欲杀之，未得，天祐元年卒。荀鹤苦吟，平生所志不遂，晚始成名，况丁乱世，殊多忧惋思虑之语，于一觞一咏，变俗为雅，极事物之情，足丘壑之趣，非易能及者也。与太常博士顾云初隐一山，登第之明年，宁亲相会，云撰集其诗三百余篇为《唐风集》三卷，且序以为："壮语大言，则决起逸发，可以左揽工部袂，右拍翰林肩，吞贾喻八九于胸中，曾不芥蒂。或情发乎中，则极思冥搜，神游希夷，形兀枯木，五声劳于呼吸，万象贫于抉剔，信诗家之雄杰者矣。"荀鹤嗜酒，善弹琴，风情雅度，千载犹可想望也。

卷　十

王涣

涣，大顺二年礼部侍郎裴贽下进士及第，俄自左史拜考功员外郎。同年皆得美除，涣首唱感恩长句上谢座主裴公，当时甚荣之。后以礼部侍郎致仕，年九十，见《睢阳五老图》。涣工诗，情极婉丽。尝为《惆怅诗》十三首，悉古佳人才子深怀感怨者：崔氏莺莺、汉武李夫人、陈乐昌主、绿珠、张丽华、王明君及苏武、刘、阮辈事成篇，哀伤妩媚，如"谢家池馆花笼月，萧寺房廊竹飐风。夜半酒醒凭槛立，所思多在别离中。"又"梦里分明入汉宫，觉来灯背锦屏空。紫台月落关山晓，肠断君王信画工"等，皆绝唱，脍炙士林。在晚唐诸人中，霄壤不侔矣。有集今传。

徐寅

寅，莆田人也。大顺三年蒋咏下进士及第。工诗，尝赋《路傍草》云："楚甸秦川万里平，谁教根向路傍生。轻蹄绣毂长相蹋，合是荣时不得荣。"时人知其蹭蹬，后果须鬓交白，始得秘书省正字，竟蓬转客途，不知所终云。有《探龙集》五卷，谓登科射策，如探睡龙之珠也。

张乔

乔隐居九华山，池州人也。有高致，十年不窥园，以苦学。诗句清雅，迥少其伦。当时东南多才子，如许棠、喻坦之、剧燕、吴罕、任涛、周繇、张蠙、郑谷、李栖远，与乔亦称“十哲”，俱以韵律驰声。大顺中，京兆府解试，李参军频时主文，试《月中桂》诗，乔云：“根非生下土，叶不坠秋风。”遂擅场。其年频以许棠久困场屋，以为首荐。乔与喻坦之复受许下薛尚书知，欲表于朝，以他不果，竟岨峿名途，徒得一进耳。有诗集二卷传世。

郑良士

良士字君梦，咸通中，累举进士不第。昭宗时，自表献诗五百余篇，敕授补阙而终。以布衣一旦俯拾青紫，易若反掌，浮俗莫不骇羡，难其比也。今有《白岩集》十卷传世。

旧言：“诗或穷人，或达人。”达者，良士是矣，亦命之所为，诗何能与？过诗则不揣其本也。

张鼎

鼎字台业，景福二年崔胶榜进士。工诗，集一卷，今行。同时赵抟有爽迈之度，工歌诗；韦霭亦进而无遇，退而有守者。诗各一卷。及谢蟠隐，云是灵运之远孙，有清才，知天下之将乱，作《杂感诗》一卷。张为，闽中人，离群拔类，工诗，存一卷，及著《唐诗主客图》等，并传于世。

韦庄

庄字端己，京兆杜陵人也。少孤贫力学，才敏过人。庄应举，正黄巢犯阙，兵火交作，遂著《秦妇吟》，有云："内库烧为锦绣灰，天街踏尽却重回。"乱定，公卿多讶之，号为"《秦妇吟》秀才"。乾宁元年，苏检榜进士，释褐校书郎。李询宣谕西川，举庄为判官。后王建辟为掌书记，寻征起居郎，建表留之。及建开伪蜀，庄托在腹心，首预谋画，其郊庙之礼，册书赦令，皆出庄手。以功臣授吏部侍郎同平章事。庄早尝寇乱，间关顿踬，携家来越中，弟妹散居诸郡。西江、湖南，所在曾游，举目有山河之异，故于流离漂泛，寓目缘情，子期怀旧之辞，王粲伤时之制，或离群轸虑，或反袂兴悲，四愁九怨之文，一咏一觞之作，俱能感动人也。庄自来成都，寻得杜少陵所居浣花溪故址，虽芜没已久，而柱砥犹存，遂诛茅重作草堂而居焉。性俭，秤薪而爨，数米而饮，达人鄙之。弟蔼，撰庄诗为《浣花集》六卷。及庄尝选杜甫、王维等五十二人诗为《又玄集》，以续姚合之《极玄》，今并传世。

王贞白

贞白字有道，信州永丰人也。乾宁二年登第。时榜下物议纷纷，诏翰林学士陆扆于内殿复试，中选。授校书郎，时登科后七年矣。郑谷以诗赠曰："殿前新进士，阙下校书郎。"初，兰溪僧贯休得雅名，与贞白居去不远而未会，尝寄《御沟》诗有云："此波涵帝泽，无处濯尘缨。"后会，语及此，休曰："剩一字。"贞白拂袂而去。休曰："此公思敏，当即来。”休书字于掌心，逾巡贞白还，曰：“‘此中涵帝泽’如何？”休以掌示之，无异所改，遂订深契。后值天王狩于岐，乃退居著书，不复干禄，当时大获芳誉。性恬和，明《易》象，手编所为诗三百篇及赋文等为《灵溪集》七卷，传于世。卒葬家山。

贞白学力精赡，笃志于诗，清润典雅，呼吸间两获科甲，自致于青云之上，文价可知矣。深惟存亡取舍之义，进而就禄，退而保身，君子也。梁陶宏景弃官隐居三茅，国事必咨请，称“山中宰相”，号“贞白”。今王公慕其为人而云尔。

张蠙

蠙字象文，清河人也。乾宁二年赵观文榜进士及第，释褐为校书郎，调栎阳尉，迁犀浦令。伪蜀王建开国，拜膳部员外郎，后为金堂令。王衍与徐后游大慈寺，见壁间题：“墙头细雨垂纤草，水面回风聚落花。”爱赏久之，问谁作，左右以蠙对，因给笺令以诗进，蠙上二百篇，衍尤重待。将召掌制诰，朱光嗣以其轻傲驸马，宜疏之，止赐白金千两而已。蠙生而秀颖，幼能为诗，《登单于台》有“白日地中出，黄河天上来”句，由是知名。初以家贫累下第，留滞长安，赋诗云：“月里路从何处上，江边身合几时归。十年九陌寒风夜，梦扫芦花絮客衣。”主司知为非滥成名。余诗皆佳，各有意度，过人远矣。诗集二卷今传。

翁承赞

承赞字文尧，乾宁三年礼部侍郎独孤损下第四人进士，又中宏词敕头。承赞工诗，体貌甚伟，且诙谐，名动公侯。唐人应试每在八月，谚曰："槐花黄，举子忙。"承赞《咏槐花》云："雨中妆点望中黄，勾引蝉声送夕阳。忆得当年随计吏，马蹄终日为君忙。"甚为当时传诵。尝奉使来福州，见友僧亚齐，赠诗云："萧萧风雨建阳溪，溪畔维舟见亚齐。一轴新诗剑潭北，十年旧识华山西。吟魂昔向江村老，空性元知世路迷。应笑乘轺青琐客，此时无暇听猿啼。"他诗高妙称是。仕王审知，终谏议大夫。有诗，以兵火散失，尚存百二十余篇，为一卷，秘书郎孙郃为序云。

王毂

毂字虚中，宜春人，自号"临沂子"。以歌诗擅名，长于乐府。未第时，尝为《玉树曲》云："璧月夜，琼树春，莺舌泠泠词调新。当时狎客尽丰禄，直谏犯颜无一人。歌未阕，晋王剑上粘腥血。君臣犹在醉乡中，一面已无陈日月。"大播人口。适有同人为无赖辈所殴，毂前救之曰："莫无礼！我便是道'君臣犹在醉乡中'者。"无赖闻之，惭谢而退。毂亦大节士，轻财重义，为乡里所誉。颇不平久困，适生离难间，辞多寄寓比兴之作，无不知名。乾宁五年羊绍素榜进士，历国子博士，后以郎官致仕。有诗三卷。于时宦进，俱素餐尸位、卖降恐后之徒，毂因撰《前代忠臣临老不变图》一卷，及《观光集》一卷，并传。

殷文圭

文圭字表儒，池州青阳人也。乾宁五年，礼部侍郎裴贽下进士。初未第时，道中尝逢一老叟，日文圭久之，谓人曰："向者布衣，绿眉方口，神仙中人也。如学道，可以冲虚；不尔，垂大名于天下。"未几，兵马振动，大驾幸三峰，文圭携梁王表荐及第。时杨令公行密镇淮阳，奄有宣、浙、扬、汴之间，榛梗既久，文圭辞亲间道至行在。无何，随榜为吏部侍郎裴枢宣慰判官、记室参军。至大梁，以身事叩梁王，王又上表荐之。文圭后饰非，遍投启事公卿间曰："於菟猎食，非求尺璧之珍；爰居避风，不望洪钟之乐。"俄为多言者所发，后更道由宋、汴驰过，梁王大怒，亟遣追捕，已不及矣。为诗有《登龙集》《冥搜集》《笔耕词》《冰镂录》《从军稿》等传世。

唐季文体浇漓，才调荒秽，稍稍作者，强名曰诗，南郭之竽，苟存于众响，非复盛时之万一也。如王周、刘兼、司马札、苏拯、许琳、李咸用等数人，虽有集相传，皆气卑格下，负鱼目唐突之惭，窃碔砆韫袭之滥，所谓"家有弊帚，享之千金"，不自见之患也。文圭稍入风度，间见奇崛，其殆庶几乎！

李建勋

建勋字致尧，广陵人。仕南唐为宰相，后罢，出镇临川。未几，以司徒致仕，赐号"钟山公"，年已八十，志尚散逸，多从仙侣参究玄门。时宋齐丘有道气，在洪州西山，建勋造谒致敬，欲授真果，题诗赠云："春来涨水波如活，晓出西山势似行。玉洞有人经劫在，携竿步步就长生。"归高安别墅，一夕无病而逝。能文赋诗，琢炼颇工。调既平妥，终少惊人之句也。有《钟山集》二十卷行于世。

褚载

载字厚之，家贫，客梁、宋间，困甚，以诗投襄阳节度使邢君牙云："西风昨夜坠红兰，一宿邮亭事万般。无地可耕归不得，有思堪报死何难。流年怕老看将老，百计求安未得安。一卷新诗满怀泪，频来门馆诉饥寒。"君牙怜之，赠绢十匹，荐于郑、滑节度使，不行。乾宁五年，礼部侍郎裴贽知贡举，君牙又荐之，遂擢第。文德中，刘子长出镇浙西，行次江西，时陆威侍郎犹为郎吏，亦寓于此。载缄二轴投谒，误以子长之卷面贽于威，威览之，连见数字触家讳，威矍然。载错愕，白以大误，寻谢以长笺，略曰："曹兴之图画虽精，终惭误笔；殷浩之兢持太过，翻达空函。"威激赏而终不能引拔，竟流落而卒。集三卷今传。

吕岩

岩字洞宾，京兆人，礼部侍郎吕渭之孙也。咸通初中第，两调县令。更值巢贼，浩然发栖隐之志，携家归终南，自放迹江湖。先是有钟离权字云房，不知何代何许人，以丧乱避地太白，间入紫阁，石壁上得金诰玉箓，深造希夷之旨，常髽髻衣槲叶，隐见于世。岩既笃志大道，游览名山，至太华，遇云房，知为异人，拜以诗曰："先生去后应须老，乞与贫儒换骨丹。"云房许以法器，因为著《灵宝毕法》十二科，悉究性命之旨。坐庐山中数十年，金丹始就。逢苦竹真人，乃能驱役神鬼，时移世换，不复返也。与陈图南音响相接，或访其室中。尝白襕角带，卖墨于市，得者皆成黄金。往往遨游洞庭、潇湘、湓浦间，自称“回道士”，时传已蝉蜕矣。有时佩剑，自笑曰：“吾仙人安用剑为，所以断嗔爱烦恼耳。”尝题寺壁曰：“三千里外无家客，七百年前云水身。”后书云：“唐室进士，今时神仙。足蹑紫雾，却归洞天。”又宿湖州沈东老家，白酒满瓮，恣意拍浮，临去以石榴皮画壁间云：“西邻已富忧不足，东老虽贫乐有余。白酒酿来因好客，黄金散尽为收书。”又尝负局奁于市，为贾尚书淬古镜，归忽不见，留诗云：“袖里青蛇凌白日，洞中仙果艳长春。须知物外餐霞客，不是尘中磨镜人。”又醉饮岳阳楼，俯鉴洞庭。时八月，叶下水清，君山如黛螺，秋风浩荡，遂按玉龙作一弄，清音嘹亮，金石可裂，久之，度古柳，别去，留诗云：“朝游南浦暮苍梧，袖里青蛇胆气粗。三入岳阳人不识，朗吟飞过洞庭湖。”后往来人间，乘虚上下，竟莫能测。至今四百余年，所在留题，不可胜纪。凡遇之者，每去后始觉，悔无及矣。盖其变化无穷，吟咏不已，此姑纪其大概云。

论曰：晋嵇康论神仙非积学所能致，斯言信哉！原其本自天灵，有异凡品，仙风道骨，迥凌云表。历观传记所载，雾隐乎岩岭，霞寓于尘外，崆峒、羡门以下，清流相望，由来尚矣。虽解化一事，似或玄微，正非假房中黄白之小端，从而服食颐养，能尽其道者也。不损上药，愈益下田，熊经鸟伸，纳新吐故，无七情以夺魂魄，无百虑以煎肺肝，庶几指识玄户，引身长年，然后一跃，顿乔、松之逸驭也。今夫指青山首驾，卧白云振衣，纷长往于斯世，遣同风于无穷，及见其人，吾亦愿从之游耳。韩湘控鹤于前，吕岩骖鸾于后，凡其题咏篇什，铿锵振作，皆天成云汉，不假安排，自非咀嚼冰玉，呼吸烟霏，孰能至此？宁好事者为之，多见其不知量也。吴筠、张志和、施肩吾、刘商、陈陶、顾况等，高蹈可数，皆颉颃于玄化中者欤。

卢延让

延让字子善，范阳人也。有卓绝之才。光化三年裴格榜进士。朗陵雷满荐辟之，满败，归伪蜀，授水部员外郎，累迁给事中，卒官刑部侍郎。延让师许下薛尚书，为诗词意入僻，不竞纤巧，且多健语，下士大笑之。初，吴融为侍御史，出官峡中。时延让布衣，薄游荆渚，贫无卷轴，未遑贽谒。会融弟得延让诗百余篇，融览其警联，如《宿东林》云："两三条电欲为雨，七八个星犹在天。"《旅舍言怀》云："名纸毛生五门下，家僮骨立六街中。"《赠元上人》云："高僧解语牙无水，老鹤能飞骨有风。"《蜀道》云："云间闹铎骒驮去，雪里残骸虎拽来。"又云："树上諏咨批颊鸟，窗间逼驳扣头虫"等句，大惊曰："此去人远绝，自无蹈袭，非寻常耳。此子后必垂名。余昔在翰林召对，上曾举其'臂鹰健卒横毡帽，骑马佳人卷画衫'一联，虽浅近，然自成一体名家，今则信然矣。"遂厚礼遇，赠给甚多。融雪中寄诗云："永日应无食，终宵必有诗。"后夺科第，多融之力也。今诗一卷传世。

曹松

松字梦征，舒州人也。学贾岛为诗，深入幽境，然无枯淡之癖。尤长启事，不减山公。早未达，尝避乱来栖洪都西山。初在建州依李频，频卒后，往来一无所遇。光化四年，礼部侍郎杜德祥下与王希羽、刘象、柯崇、郑希颜同登第，年皆七十余矣，号为"五老榜"。时值新平内难，朝廷放进士为喜，特授校书郎而卒。松野性方直，罕尝俗事，故拙于进宦，构身林泽，寓情虚无，苦极于诗，然别有一种风味，不沦乎怪也。集三卷，今传。

裴说

说工诗，得盛名。天祐三年礼部侍郎薛廷珪下状元及第。初年窘迫乱离，奔走道路，有诗曰“避乱一身多。”见者悲之。后仕为补阙，终礼部员外郎。为诗足奇思，非意表琢炼不举笔，有岛、洞之风也。弟谐，亦以诗名世，仕终桂岭假官宰。今俱有集相传。

贯休

休字德隐，婺州兰溪人，俗姓姜氏。风骚之外，尤精笔札。荆州成中令问以书法，休勃然曰：“此事须登坛可授，安得草草而言！”中令衔之，乃递放黔中。因为《病鹤》诗以见志云：“见说气清邪不入，不知尔病自何来？”初，昭宗以武肃钱镠平董昌功，拜镇东军节度使，自称“吴越王”。休时居灵隐，往投诗贺，中联云：“满堂花醉三千客，一剑霜寒十四州。”武肃大喜，然僭侈之心始张，遣谕令改为“四十州”，乃可相见。休性躁急，答曰：“州亦难添，诗亦难改。余孤云野鹤，何天不可飞？”即日裹衣钵拂袖而去。至蜀，以诗投孟知祥云：“一瓶一钵垂垂老，万水千山特特来。”知祥久慕，至是非常尊礼之。及王建僭位，一日游龙华寺，召休坐，令口诵近诗。时诸王贵戚皆侍，休意在箴戒，因读《公子行》曰：“锦衣鲜华手擎鹘，闲行气貌多陵忽。稼穑艰难总不知，五帝三皇是何物？”建小忉，然敬事不少怠也。赐号“禅月大师”。后顺寂，敕塔葬丈人山青城峰下。有集三十卷，今传。

休一条直气，海内无双，意度高疏，学问丛脞，天赋敏速之才，笔吐猛锐之气，乐府古律，当时所宗。虽尚崛奇，每得神助，余人走下风者多矣。昔谓龙象蹴蹋，非驴所堪，果僧中之一豪也。后少其比者，前以方支道林，不过矣。

张瀛

瀛，碧之子也。仕广南刘氏，官至曹郎。尝为诗赠琴棋僧云：“我尝听师法一说，波上莲花水中月。不垢不净是色空，无法无空亦无灭。我尝对师禅一观，浪溢鳌头蟾魄满。河沙世界尽空空，一寸寒灰冷灯伴。我又闻师琴一抚，长松唤住秋山雨。弦中雅弄若铿金，指下寒泉流太古。我又看师棋一著，山顶坐沉红日脚。阿谁称是国手人，罗浮道士赌却鹤。输却药葫芦，斟下红霞丹，束手不敢争头角。”同列见之曰：“非其父不生是子。”瀛为诗尚气而不怒号，语新意卓，人所不思者，辄能道之，绰绰然见乃父风也。有诗集，今传于世。

沈彬

彬字子文，筠州高安人。自幼苦学。属末岁离乱，随计不捷，南游湖、湘，隐云阳山，数年，归乡里。时南唐李昪镇金陵，旁罗俊逸，名儒宿老，必命郡县起之。彬赴辟，知昪欲取杨氏，因献《画山水》诗云：“须知笔力安排定，不怕山河整顿难。”昪览之大喜，授秘书郎。保大中，以尚书郎致仕归，徙居宜春。初经版荡，与韦庄、杜光庭、贯休俱避难在蜀，多见酬酢。彬临终指葬处示家人，及窆，果掘得一空塚，有漆灯青荧，圹头立一铜板，篆文曰：“佳城今已开，虽开不葬埋。漆灯终未灭，留待沈彬来。”遂窀穸于此。有诗集一卷传世。彬第二子廷瑞，性坦率，豪于觞咏，举动异俗，盛夏附火，严冬单衣，或遇崇山野水，古洞幽坛，竟日不返。时人异之，呼为“沈道者”。士大夫多邀至门馆。一日，邑宰戏问：“何日道成？”廷瑞即留诗曰：“何须问我道成时，紫府清都自有期。手握药苗人不识，体涵仙骨俗争知？”宰惊谢。后浪游四方，或传仙去也。

唐求

求，隐君也，成都人。值三灵改卜，绝念鼎钟，放旷疏逸，出处悠然，人多不识；方外物表，是所游心也。酷耽吟调，气韵清新，每动奇趣，工而不僻，皆达者之词。所行览不出二百里间，无秋毫世虑之想。有所得，即将稿捻为丸，投大瓢中，或成联片语，不拘短长，数日后足成之。后卧病，投瓢于锦江，望而祝曰：“兹瓢倘不沦没，得之者始知吾苦心耳。”瓢泛至新渠，有识者见曰：“此唐山人诗瓢也。”扁舟接之，得诗数十篇。求初未尝示人，至是方兢传，今行于世。后不知所终。江南处士杨夔亦工诗文，名称杰出如求，今章句多传。

孙鲂

鲂，唐末处士也，乐安人。与沈彬、李建勋同时，唱和亦多。鲂有《夜坐》诗，为世称玩。建勋尤器待之，日与谈宴。

尝匿鲂于斋幕中，待沈彬来，乃问曰："鲂《夜坐》诗如何？"彬曰："田舍翁火炉头之语，何足道哉！"鲂从幕中出，诮彬曰："何讥谤之甚？"彬曰："'画多灰渐冷，坐久席成痕'，此非田舍翁炉上，谁有此况？"举座大笑。及《金山寺》诗云："天多剩得月，地少不生尘。"当时谓骚情风韵，不减张祜云。有诗五卷，今传。

李中

中字有中，九江人也。唐末尝第进士，为新淦、淦阳、吉水三县令，仕终水部郎中。孟宾于赏其工吟，绝似方干、贾岛，时复过之。如"暖风医病草，甘雨洗荒村"；又"贫来卖书剑，病起忆江湖"；又"闲花半落处，幽鸟未来时"；又"千里梦随残月断，一声蝉送早秋来"；又"残阳影里水东注，芳草烟中人独行"；又"闲寻野寺听秋水，寄睡僧窗到夕阳"；又"香入肌肤花洞酒，冷浸魂梦石床云"；又"西园雨过好花尽，南陌人稀芳草深"等句，惊人泣鬼之语也。有《碧云集》，今传。

廖图

图字赞禹，虔州虔化人。文学博赡，为时辈所服。湖南马氏辟致幕下，奏授天策府学士。与同时刘昭禹、李宏皋、徐仲雅、蔡昆、韦鼎、释虚中俱以文藻知名，赓唱迭和。齐己时寓渚宫，与图相去千里，而每诗筒往来不绝，警策极多，必见高致。集二卷，今行于世。时有荆南从事郑准，亦工诗，与僧尚颜多所酬赠，诗亦传。

孟宾于

宾于字国仪，连州人。聪敏特异，有乡曲之誉。垂髫时，书所作百篇，名《金鳌集》，献之李若虚侍郎，若虚采猎佳句，记之尺书，使宾于驰诣洛阳，致诸朝达，声誉霭然，留寓久之。晋天福九年，礼部侍郎符蒙知贡举，宾于帘下投诗云："那堪雨后更闻蝉，溪隔重湖路七千。忆得故园杨柳岸，全家送上渡头船。"蒙得诗，以为相见之晚，遂擢第，时已败六举矣。与诗人李昉同年情厚。后宾于来仕江南李主，调滏阳令，因犯法抵罪当死，会昉拜翰林学士，闻在缧绁，以诗寄之曰："初携书剑别湘潭，金榜名标第十三。昔日声尘喧洛下，近来诗价满江南。长为邑令情终屈，纵处曹郎志未甘。莫学冯唐便休去，明君晚事未为惭。"后主偶见诗，遂释之。迁水部郎中，又知丰城县。兴国中致仕，居玉笥山，年七十余，卒。自号"群玉峰叟"。有集今传。

孟贯

贯，闽中人。为性疏野，不以荣宦为意。喜篇章。周世宗幸广陵，贯时大有诗价，世宗亦闻之，因缮录一卷献上，首篇书《贻谭先生》云："不伐有巢树，多移无主花。"世宗不悦曰："朕伐叛吊民，何得有巢无主之说！献朕则可，他人则卿必不免。"不复终卷，赐释褐。进士虚名而已，不知其终。有诗集今传。

孟子曰："予之不遇鲁侯，天也。"至唐开元，孟浩然流落帝京，和璧堕地。孟郊之出处梗概，苦难生平，薄宦而死。

今孟贯坐此诗穷，转喉触讳，非意相干，竟尔埋没，与前贤俱亦相似，命也。孟氏之不遇，一何多耶？

江为

为，考城人，宋江淹之裔，少帝时，出为建阳吴兴令，因家为郡人焉。为唐末尝举进士，辄不第。工于诗，有“天形围泽国，秋色露人家”，“月寒花露重，江晚水烟微”等，脍炙人口。少游白鹿寺有句：“吟登萧寺旃檀阁，醉倚王家玳瑁筵。”后主南迁，见之曰：“此人大是富贵家。”时刘洞、夏宝松就传诗法，为益傲肆，自谓俯拾青紫，乃诣金陵求举，屡黜于有司，快快不能已。欲束书亡越，会同谋者上变，按得其状，伏罪。今建阳县西靖安寺即处士故居，后留题者甚众。有集一卷，今传。

熊皎

皎，九华山人。唐清泰二年进士。刘景岩节度延安，辟为从事。晋天福中，说景岩归朝，以功擢右谏议。竟坐累，黜为上津令。工古律诗，语意俱妙。尝赋《早梅》云：“一夜开欲尽，百花犹未知。”甚传赏士林，且知其心遇。今有《屠龙集》《南金集》，合五卷传世。学士陶谷序之。

陈抟

抟字图南，谯郡人。少有奇才经纶，易象玄机，尤所精穷。高论骇俗，少食寡思。举进士不第。时戈革满地，遂隐名辟谷炼气。撰《指玄篇》，同道风偃。僖宗召之，封“清虚处士”，居华山云台观，每闭门独卧，或兼旬不起。周世宗召入禁中试之，扃户月余，始启，抟方熟寐齁齁。觉即辞去，赋诗云：“十年踪迹走红尘，回首青山入梦频。紫陌纵荣争及睡，朱门虽贵不如贫。愁闻剑戟扶危主，闷听笙歌聒醉人。携取旧书归旧隐，野花啼鸟一般春。”还山后，因乘驴游华阴市，见邮传甚急，问知宋祖登基，抟抵掌长叹曰：“天下自此定矣。”至太宗征赴，戴华阳巾，草屦垂条，与万乘分庭抗礼，赐号“希夷先生”。时居云台四十年，仅及百岁。帝赠诗云：“会向前朝出白云，后来消息杳无闻。如今已肯随征召，总把三峰乞与君。”真宗复诏，不起，为谢表，略曰：“明时闲客，唐室书生。尧道昌而优容许由，汉世盛而善从商皓。况性同猿鹤，心若土灰，败荷制服，脱箨裁冠，体有青毛，足无草屦，苟临轩陛，贻笑圣朝。数行丹诏，从教彩凤衔来；一片野心，已被白云留住。咏嘲风月之清，笑傲烟霞之表，遂性所乐，得意何言。”后凿石室于莲华峰下，一旦坐其中，羽化而去。有诗集，今传。如洛阳潘阆逍遥、河南种放明逸、钱塘林逋君复、钜鹿魏野仲先、青州李之才挺之、天水穆修伯长，皆从学先生，一流高士，俱有诗名。大节详见之《宋史》云。